Armenien MAIOR

Große

ENIA

Niphats Geburg · Niphats

GILAN

MEDEN

Calacine

Segira

Calah · Oroba · Gomara

Arbe · Iutis

Sura

Marde

ASSUR nun genant

Adiabene

Das Geburg Ararat darauf die Arch Noe ruhet Gen 8.4

Derheta

Dosa

Arbela

Appolonia

Thebura

PERSIÆ

Saccana

Nisibis

Deba

Resen

Ninive

ASSYRIEN

Arthemita

Cinna

PAR

Mescha

Sinna

Ac

Singara cad

Betum Geburg von Osten

Calne

Thelbe

Sitace

Castri

Chinir

Zama

Hiddekel

Sephar

Ur

Hiddekel

Closiphon

Satrone

Berga Samirens

Coapa

MESO

ARAM

Dabusa

CHALDEA

Babel

Phrath flu

DEN Paradys

NOD

schwer Vaker flohe Ex. 8.

Elia

Peliala

Diamatra

Pethor von hier aus wird Bileam geholet Israel zu fluchen Num. 22. v.5

Volgesta

Agra

Susan

Gebi

Canaz

Erbua

PO

Chabora

Darema

Bela

Melitena

Susan

ube

TAMIA

Bethauna

Addea

HA

Dadara

Balagala

Eutrapa Belginea

Idiacra

Cumana

Punda

VI

Sele

Necrumes

Cathany

Colarina

Arac

Tariana

Draba

heba

Cauchabem

Cesa

Orchoa

Talatha

LA

Eldimei

Gues

adar.

Regania

Biaramba

Asichia

Graam

Peloder

Angua

DAS LAND

Thema

Telme

Iamba

Teredon

Pafinivallum

Agreni.

Thema

Sortida

Das Babilonische Geburg

CUS nun genant

wuest. Duma

Duma

EN

Balsera

DAS PERSISCHE MEE

Seraa

Naphis

Cora

ELITMACANI

Kedmais

SINUS PERSICU

BIEN.

Idicara

Banacha

Dumetha

Bere

Calathua

Salma

Itara

Olim

Arthemita

Rhabani

Orcheni.

Arabische Geburg

Diese Landt Charte soll geheftet werden vor das 3. Cap. Genesis.

MARE ELCATIF

Die Propheten

Moshe Pearlman

Die Propheten
Auf den Spuren der Rufer Gottes

STEIMATZKY'S AGENCY
Jerusalem, Tel-Aviv, Haifa
in Zusammenarbeit mit
NATEEV PUBLISHING

Herausgegeben von Mordecai Raanan
Fotos David Harris
Graphische Gestaltung Gad Ulman

© 1975 by Nateev-Printing & Publishing Enterprises Ltd.,
Tel Aviv, Israel

Die deutsche Übersetzung besorgte Rudolf G. Zinsser

Wir danken den folgenden Einrichtungen und Personen für die Erlaubnis zur Verwendung von
Bildmaterial:
Abteilung für Altertümer und Museen, Ministerium für Erziehung und Kultur, Jerusalem, Seiten 29, 32, 35,
46, 47, 59, 63, 82, 91, 99, 115, 134, 137, 148, 165, 182, 190, 191, 211; Bibliothek St. Thoros, Armenisches
Orthodoxes Patriarchat, Jerusalem, Seite 73; Nationales Marine-Museum, Haifa, Seite 79; The Westminster
Press, Philadelphia, Seiten 92, 196; Princeton University Press, New-Jersey, Seite 94; Israel-Museum,
Jerusalem, Seite 109; Schrein des Buches, Israel-Museum, Jerusalem, Seiten 111, 194; British Museum,
London, Seiten 124, 145, 200; Jüdische National- und Universitätsbibliothek, Jerusalem, Seite 176; Studio
Garo, Jerusalem, Seite 216.

Hergestellt in Israel durch die
Nateev-Printing & Publishing Enterprises Ltd.

ISBN 3-530-63601-0

Inhalt

Zur deutschen Ausgabe

Abkürzungsverzeichnis der im Text zitierten biblischen Bücher (die Bibelstellen sind zitiert nach der Heiligen Schrift des Alten und Neuen Testamentes, übersetzt und herausgegeben von V. Hamp, M. Stenzel, J. Kürzinger, Aschaffenburg 1965):

Ex	Exodus (= das 1. Buch Mose)
Dtn	Deuteronomium (= das 5. Buch Mose)
Jos	Das Buch Josua
Ri	Das Buch der Richter
1 Sam	Das 1. Buch Samuel
2 Sam	Das 2. Buch Samuel
1 Kön	Das 1. Buch der Könige
2 Kön	Das 2. Buch der Könige
1 Chron	Das 1. Buch der Chronik
2 Chron	Das 2. Buch der Chronik
Esr	Das Buch Esra
Neh	Das Buch Nehemia
Ps	Die Psalmen
Jes	Das Buch Jesaja
Jer	Das Buch Jeremia
Es	Das Buch Ezechiel (= Hesekiel)
Hos	Das Buch Hosea
Joel	Das Buch Joel
Am	Das Buch Amos
Obd	Das Buch Obadja
Jon	Das Buch Jona
Mich	Das Buch Micha
Nah	Das Buch Nahum
Hab	Das Buch Habakuk
Zef	Das Buch Zefanja
Hag	Das Buch Haggai
Sach	Das Buch Sacharja
Mal	Das Buch Maleachi

Vorwort des Verfassers

Das vorliegende Buch ist eine Fortsetzung von «Aus der Wüste brachen sie auf – Auf den Spuren des Moses» und nimmt die Geschichte der alten Hebräer dort auf, wo der erste Band endet. Es umfaßt die Zeitspanne von der zweiten Hälfte des 11. Jahrhunderts v. Chr. bis zu den «späteren Propheten» im 6. Jahrhundert v. Chr. Das Buch beginnt mit Samuel und beschäftigt sich in erster Linie mit den Propheten, die die jüdische Religion und Nation in den entscheidenden Jahren geformt hatten.

Trotzdem habe ich es als nützlich erachtet, zwei kurze Kapitel über Moses, Josua und die Richter voranzustellen, denn sie waren die zentralen Figuren, die vom 13. bis zum 11. Jahrhundert v. Chr. den jüdischen Glauben und die Nation aufbauten. Dazu durfte ich mit der freundlichen Genehmigung des Verlegers Material aus dem Moses-Band übernehmen, wofür ich danke.

Mein Dank gilt auch Dr. Moshe Weinfeld, Dozent für Biblische Studien an der Hebräischen Universität in Jerusalem, der das Manuskript gelesen und sehr wertvolle Hinweise gegeben hat; Dr. Magen Broshi, Kurator des Schreins des Buches im Israel-Museum in Jerusalem, und Ze'ev Yeivin von der Abteilung für Al-tertümer bei der israelischen Regierung für ihre Hilfe bei der Bildauswahl; Judith Lelyveld, die ebenfalls bei der Bebilderung mitgeholfen und in sorgfältiger Arbeit die Drucklegung des Buches überwacht hat.

Jerusalem, im Juni 1975   Moshe Pearlman

Einleitung

Einige waren ungestüm, impulsiv, primitiv, exzentrisch; andere waren nachdenklich, von sanfter Rede, konventionell, spitzfindig. Einer mußte vor dem Zorn einer Königin um seines Lebens willen fliehen, ein anderer wurde von Königen umworben. Einige wandelten gelassen durch die Korridore der Macht; andere waren nur im Zelt eines Bauern zuhause. Einige waren Bauern, Hirten, die über die Tiefen der menschlichen Existenz grübelten, während sie den Boden bestellten oder mit ihren Herden wanderten. Andere waren Gelehrte («Weise»), Meister der Regierungskunst, deren Rat von königlichen Kanzleien gesucht oder auch erduldet wurde. So verschieden sie auch voneinander in ihrer Herkunft, Persönlichkeit und ihrem Stil waren, alle waren sie besessen von der brennenden Leidenschaft, die Böswilligkeit auszurotten und den Sinn für Gerechtigkeit unter den Menschen zu wecken. Alle waren kraftvolle Kämpfer für die Gerechtigkeit; sie waren furchtlos und unverhohlen, indem sie Bestechlichkeit zu einer Zeit verurteilten, als der Tod oft die Strafe für Offenheit war. Wirklich alle hatten Mut; und sie hatten außerdem auch Mitleid. Alle waren Seher, Quellen beseelter Wahrheiten, verehrt als göttlich inspirierte Sprecher, die das Wort Gottes zu dem Volke trugen. Für diese Aufgabe waren sie gut ausgerüstet. Sie alle waren vom dichterischen Genie berührt, mit einer unerreichten Begabung für den sprachlichen Ausdruck und bildhafte Ausdrucksweise, und ihre erhabenen Worte hatten eine noch nie dagewesene Einwirkung auf das menschliche Verhalten.

Diese Männer waren die hebräischen Propheten der Alten Zeit. Der Edelmut ihrer Gedanken und die Großartigkeit ihrer Ausdrucksweise sind heute noch so wichtig und aktuell wie vor dreitausend Jahren.

Jeder Prophet hatte seine eigene Sprache, jeder sprach aus dem Erlebniszusammenhang seiner Zeit; aber das gemeinsame Thema aller – in einer verlockenden Welt bequemen Heidentums – war israelitischer Monotheismus und der erleuchtete Kodex des Verhaltens, welchen das Volk Israel durch den Bund mit Gott auf dem Berge Sinai annahm. Während der Generationen, die auf dieses dramatische 13. Jahrhundert vor Christus, auf diese Bündniszeremonie folgten, welche von Moses durchgeführt wurde, suchten die Propheten das Gewissen der Nation in Bewegung zu bringen und Israel an seine vertraglichen Verpflichtungen zu erinnern.

Nicht immer, eigentlich nicht einmal sehr oft, gelang ihnen die unmittelbare Absicht. Ihr Erfolg lag in der Gewöhnung der Nation an die mosaische Bundestradition. Daher kam es, daß Jahrhunderte später – nunmehr eingenistet im Gelobten Land – das Volk immer noch aufnahmebereit für einen Appell an den Geist und voller Verehrung für das *Wort* war. Selbst wenn sie zu dieser Zeit nicht beachteten, was sie gehört hatten, so erfreuten sie sich wenigstens an den Ermahnungen ihrer Dichterpropheten. Sie genossen sie, fanden Geschmack an ihnen, trugen sie wieder vor. Wenn eine Katastrophe auf eine Nichtbeachtung folgte, erinnerten sie sich an sie und gaben sie weiter von Generation zu Generation.

Die Worte der «frühen Propheten» wurden erst viel später schriftlich niedergelegt. Diese Männer, welche zwischen dem 13. und 15. Jahrhundert vor Christus lebten, werden oft die volkstümlichen oder vorklassischen Propheten genannt. Ihre Äußerungen und Handlungen sind uns in den Chroniken über ihr Leben überliefert worden, welche in den biblischen Büchern von Josua, Richter, Samuel und Könige erscheinen. Die «späteren Propheten» lebten vom 8. bis 5. Jahrhundert. Ihre Worte wurden meist sogleich von ihnen oder von ihren Schreibern oder Jüngern niedergeschrieben. Sie stehen in den biblischen Büchern Jesaja, Jeremia und Ezechiel sowie in den Büchern der Zwölf, welche als die «kleinen» Propheten bekannt sind (der Ausdruck bezieht sich weniger auf ihre Wichtigkeit als auf den Umfang ihrer Schriften): Hosea, Joel, Amos, Obadja, Jona, Micha, Nahum, Habakuk, Zefanja, Haggai, Sacharja und Maleachi.

Durch die Erhaltung und Bewahrung dieser prophetischen Äußerungen, zunächst mündlich und später schriftlich, sammelte das jüdische Volk bereits im ersten Jahrtausend vor Christus sich einen Schatz. Man hielt eine Sammlung von Schriften in ausgezeichnetem hebräischem Stil heilig, die eine Beziehung zwischen Mensch und Mensch sowie zwischen Mensch und Gott begründete, welche schließlich die Basis der westlichen Zivilisation bilden sollte.

Diese ethischen und religiösen Schriften, zusammen mit dem *Gesetz* (Thora) und der Chronik der Taten ihrer Vorfahren, bildeten das kollektive Gedächtnis und die kollektive Weisheit der jüdischen Nation. (Die «Bücher», wie sie benannt wurden, «Ha-Sefarim» auf hebräisch, «Ta Biblia» auf griechisch, bildeten später «die Bibel».) Sie gaben den Juden ihre besondere Religion und Identität und erhielten sie als ein Volk, nährten jederzeit ihre Hoffnungen, ernüchterten sie in ihren Triumphen, ermutigten sie in ihren Prüfungen und unterstützten sie durch all die Jahrhunderte der Wechselfälle des Lebens.

Die Propheten sprachen zu einem bestimmten Volk zu einer bestimmten Zeit; die Wirkung ihrer Worte sollte zeitlos sein.

1 Der Erste und der Größte

Als Träger der «Bundes»-Tradition, die die Propheten dann am stärksten und überzeugtesten verbreiteten, wenn die Verbindung zu Sinai gestört war, führten sie ein einsames, gefährliches und schwieriges Leben. Aber keiner von ihnen stand vor solch riesigen Herausforderungen wie Moses, der erste und größte der Propheten, der Mann, der diese Tradition in Bewegung setzte.

Natürlich war er viel mehr als ein Prophet, und seine Aufgaben waren viel umfangreicher als diejenigen seiner geistigen Nachfolger. Er war der Gründer des jüdischen Glaubens, der Unterhändler beim Zustandekommen des Bundes zwischen Gott und seinem Volk, das Instrument, durch welches Israel ein einzigartiger Kodex von religiösen und ethischen Prinzipien gegeben wurde. Aber sein Beitrag in der weltlichen Sphäre war gleichermaßen fundamental, denn er war auch der Begründer der jüdischen Nation – Widerstandsführer, Befreier, Staatsmann, militärischer Befehlshaber und überragender moralischer und politischer Führer. Seine geistliche Inspiration war der Schlüssel zu seinem weltlichen Erfolg; und es war seine weltliche Macht, welche es ihm ermöglichte, sein geistliches Ziel während seiner Lebenszeit zu erreichen – eine Vollendung, welche oft den auf ihn folgenden Propheten nicht vergönnt war.

Moses wurde in Ägypten zu einer Zeit geboren, als die Israeliten Sklaven im Besitz des Staates und grausamer Unterdrückung ausgesetzt waren. Der regierende Pharao, Sethos I. (1309–1290 v. Chr.), hatte angeordnet, daß alle hebräischen männlichen Neugeborenen im Nil zu ertränken seien; aber Moses wurde von der Tochter des Monarchen gerettet, zum königlichen Palast gebracht und als ein Prinz erzogen. Zweifellos erwarb er sich am Hof des allmächtigen Sethos ein Verständnis für politische, militärische und Verwaltungsangelegenheiten. Wann immer sich ihm die Gelegenheit bot, wird er der Führung der Staatsgeschäfte, dem Vorgang des sich Entscheidens und der Alltagspraxis der Diplomatie und der Kriegsführung mit eifrigstem Interesse gefolgt sein. Er wird von königlichen Ratgebern, Hofkämmerern und Beamten viele wertvolle Informationen aufgenommen haben, wie ein Volk zu regieren ist. Wenn Armeekommandeure und Exekutivbeamte, denen Sklavenprojekte unterstanden, zum Palaste kamen, um beim Pharao Bericht zu erstatten, wird es ihnen ein Vergnügen gewesen sein, des jungen Prinzen Neugierde über Logistik und die Organisation und Bewegung von großen Formationen zu befriedigen. Wenn sie es nicht getan hätten, würden es ihre Helfer getan haben, denen Moses in der königlichen Lobby begegnete.

Der kleine Moses wird von der ägyptischen Prinzessin aus seinem schwimmenden Kästchen genommen (unten). Szene den berühmten Fresken in Dura-Europos (244 n. Chr.), der alten babylonischen Stadt. Statue Ramses' II. (rechts), Pharao zur Zeit des Exodus, in einem der drei Tempel in Abu Simbel am Westufer des Nil in der Provinz Assuan. Ramses erbaute diese Tempel als Denkmäler seiner selbst und seiner Taten.

Wie in alten Zeiten tragen auch heute noch die Frauen in der Wüste das Wasser aus den seltenen und kostbaren Quellen ins Lager (oben). Die in Stein gemeißelten Hieroglyphen (unten) wurden in einem der ägyptischen Göttin Hathor geweihten Tempel bei den Türkisbrüchen von Serabit el-Khadem in West-Sinai gefunden. In diesen Brüchen wurden semitische Sklaven zur Arbeit gezwungen; der Tempel war für ihre ägyptischen Aufseher bestimmt.

Während er jedoch das Leben eines Prinzen führte, wurde er offensichtlich auf geheime Weise über seine Herkunft unterrichtet – wahrscheinlich durch seine Schwester Miriam, bei heimlichen Begegnungen, welche von seiner Pflegemutter arrangiert wurden. Aus bekümmerten Berichten über die Behandlung von Sklaven – ein Diskussionsgegenstand, welcher mit Spott in den Gesprächen bei Hofe abgetan wurde – mußte er von den grimmigen Prüfungen gewußt haben, die von seinem Volke erlitten wurden. Dies wird in ihm einen Sinn für Gerechtigkeit geweckt haben, der zu dieser Zeit selten war. So wurde seine Entschlossenheit angespornt, das schwerwiegende Unrecht zu beseitigen.

Als er erwachsen war, war ein Besuch in einem Zwangsarbeitsprojekt eine seiner ersten Handlungen. Er sah zu, wie ein ägyptischer Aufseher einen hebräischen Sklaven mißhandelte. Dies erregte ihn derart, daß er auf der Stelle den Ägypter tötete. Es war ein Kapitalverbrechen, einen Einsatzleiter zu schlagen, und erst recht, ihn zu töten, weil dies das ganze System der ägyptischen Sklavenhaltung in Gefahr brachte. Moses floh in die Wüste. Dort wurde ihm die Gastfreundschaft Jitros zuteil, eines medianitischen Priesters, dessen Tochter er schließlich heiratete. Er verbrachte die nächsten Jahre damit, mit seines Schwie-

11

Es war eine harte Aufgabe für die Sklaven in Ägypten, die riesigen, zum Bau der Pyramiden verwendeten Steinklötze herauszubrechen.

Auch die Herstellung von Lehmziegeln gehörte zu den Arbeiten der israelitischen Sklaven, sie hatten täglich ein hohes Soll zu erfüllen.

Schilf am Ufer des Nil. Man nimmt an, daß Jochebed das Binsenkästchen mit dem Moses-Knaben in solchem Schilf versteckt habe. Er wurde von der Tochter des Pharao gefunden, als sie hieher zum Bade kam.

Moses erschlug den ägyptischen Aufseher, der einen hebräischen Sklaven mißhandelt hatte, und floh in die Wüste, nachdem er den toten Ägypter im Sand begraben hatte. Weil es auch im Sinai, wo die Israeliten während 44 Jahren lebten, Sanddünen gab, wurde er immer wieder an dieses dramatische Ereignis erinnert.

gervaters Herden durch die Weiten der Sinai-Wildnis zu wandern, wobei er eine sehr genaue Kenntnis des Lebens in der Wüste erwarb, ihrer Gefahren und ihrer geringen Schätze, eine Vertrautheit mit dem Gelände und den Launen der Wüste zu allen Jahreszeiten. Genauso wie die Erfahrung als ein Prinz zu Hofe wird sich auch diese Kenntnis später von unschätzbarem Wert erweisen.

Göttlicher Auftrag

In der Wüste fand er Erleuchtung von tieferer Bedeutung. Als er auf der Suche nach Grünfutter für seine Tiere umherschweifte, war sein Geist frei, und er muß sicherlich über die seltsamen Ereignisse nachgedacht haben, die zu seinem gegenwärtigen Leben führten: von seiner wunderbaren Rettung im Kindesalter und seiner königlichen Erziehung ausgerechnet in der Zitadelle des Unterdrückers seines Volkes bis hin zu dem Umstand, der ihn zu fliehen gezwungen hatte. Im Grunde beruhte dieser letzte Zwischenfall auf seiner starken Abneigung gegen Sklaverei, der Unterdrückung von Menschen durch Menschen, der Ungerechtigkeit, welche die Hebräer in die Knechtschaft gezwungen hatte.

13

Während der Audienz beim Pharao fordern Moses und Aaron: «Gib unser Volk frei.» Illustration aus der spanischen Goldenen Haggada, entstanden im 14. Jahrhundert (links). Ein Schwarm von freßgierigen Heuschrecken (rechts). Bei der achten Plage waren diese Tiere so zahlreich, daß sie den Himmel verdunkelten und sich auf jeder Pflanze niedersetzten.

Er wird sich der heimlichen und erschlichenen Gespräche mit seiner Schwester Miriam über den traurigen Zustand ihres Volkes erinnert haben, und ebenso an das, was sie ihm von dem unsichtbaren Gott erzählt hatte, der ein Bündnis mit ihrem Erzvater Abraham eingegangen war. Zu jener Zeit waren heidnische Priester und Götzendienst ein Teil seines königlichen Lebens; er fand Schwierigkeiten darin, die merkwürdige Vorstellung einer allmächtigen Gottheit zu begreifen, welche weder angefaßt noch gesehen werden konnte. Nunmehr jedoch und hier, in der schweigenden und einsamen Wüste, war er allein mit den Elementen der Natur. Sie waren mächtig und voller Geheimnisse, und er begann zu spüren, daß sie von einer führenden Hand kontrolliert und gelenkt wurden. Ganz sicher konnte eine solche Führung niemals von den stummen und von Menschen gemachten Gottheiten herkommen, die er in seiner Jugend gesehen hatte. Es mußte von dem unsichtbaren Gott kommen, von dem Miriam gesprochen hatte, und dieser Gott muß einen kosmischen Plan und eine kosmische Absicht haben. Dann könnte doch vielleicht eine Absicht hinter all den merkwürdigen Wendungen des Schicksals stecken, welches sein eigenes junges Leben gekennzeichnet hatte, und seine Bedeutung würde eines Tages offenbar werden.

Der Auszug aus Ägypten ging so hastig vor sich, daß die Israeliten keine Zeit mehr hatten, den Teig zu säuern. Daran erinnern beim jüdischen Passah-Fest die *Matzen*, die ungesäuerten Brote. Im Sinai-Gebiet gibt es Gegenden, wo *Matzen* noch in der alten Art hergestellt werden, wie es hier zu sehen ist. Der Teig (aus Mehl und Wasser) wird geknetet, ausgewallt und zwischen zwei Holzkohlenschichten in einer Grube gebacken.

Vermutlich geschah es bei solchen Meditationen, daß Moses seine Begegnung mit dem *Herrn* erlebte, dem «Gott Abrahams, Isaaks und Jakobs», als eine Stimme aus einem brennenden Busch heraus ihm seinen göttlichen Auftrag zuteilte. Die Israeliten würden aus der Hand der Ägypter befreit und in Erfüllung des Bundes zwischen Gott und ihren Urvätern nach dem Gelobten Land gebracht werden. Moses würde das Instrument ihrer Erlösung sein.

Plötzlich ordnete sich alles in den Gedanken des Moses: Alles, was sich jemals seit seiner Geburt ereignet hatte, war sinnvoll – jedes Ereignis, jede Erfahrung, jede Episode. Der Endzweck wurde ihm von der göttlichen Stimme aus dem brennenden Busch offenbart. Sein bisheriges Leben war eine Vorbereitung auf seine schicksalhafte Rolle, und ihm war sein Ziel gegeben – die Rettung seines Volkes. Von nun an wird er, ohne zurückzuweichen, sich auf dieses Ziel hinbewegen, ohne zu zögern oder zu zweifeln, geleitet von dem Gott seiner Väter.

Der Exodus

Mittlerweile war das Kapitalverbrechen vergessen, welches Moses als junger Mann begangen hatte, und er konnte in Sicherheit nach Ägypten zurückkehren. Seine erste Aufgabe war es, sich mit seinem Volke zu verständigen, das innerhalb der zwölf hebräischen Stammesgruppen in Sippen organisiert war, um ihnen die göttliche Botschaft der Rettung zu überbringen. Zusammen mit seinem Bruder Aaron hielt er einleitende Sitzungen mit «allen Ältesten Israels» (den Sippen- und Stammesführern) und versuchte, ihr Vertrauen zu gewinnen und sie zum Widerstand zu ermuntern mit der wunderbaren Botschaft, daß ihre Tage der Sklaverei in Kürze enden würden und daß Freiheit ein praktikables Ziel sei. Das Ziel des «Widerstandes» war es nicht, das bestehende pharaonische System zu stürzen, sondern es zu zwingen, die Sklaven abziehen zu lassen. Sie würden nach ihrem eigenen Gelobten Land abziehen, wo sie frei wären, den einzigen unsichtbaren Gott anzubeten und ihr eigenes nationales Leben zu entwickeln.

Moses quälte sich sehr damit, sein Volk zu überzeugen, sich gegen seine Herren aufzulehnen und den großen Sprung in das Unbekannte zu unternehmen. Die Stammeshäuptlinge sträubten sich dagegen, einen Teil ihrer Autorität an diesen fremden Mann abzugeben, auch wenn er sich auf außergewöhnliche Visionen einer wunderbaren Zukunft berief. Aber Moses konnte sich schließlich ihres Vertrauens

versichern. Moses und Aaron wandten sich jetzt an
den Pharao, den grimmigen Ramses II., den Sohn des
Sethos, mit der kühnen Forderung: «Laß mein Volk
ziehen.»

Obwohl Ramses von Moses' Argumenten ungerührt
war, wurde er doch von den zehn Landplagen «überzeugt». Moses führte die Israeliten aus Ägypten. Da
wurde er mit einer gewaltigen Krise konfrontiert. Sein
Volk war zwischen der See und den angreifenden
Kampfwagen der Ägypter gefangen. Die Ägypter
hatten ihr Gleichgewicht wieder gefunden und verfolgten die Israeliten. Aber sie stürzten ins Meer, und
die wunderbar geretteten Israeliten erreichten den
westlichen Rand der Sinai-Wüste, um ihren großen
Marsch in die Freiheit zu beginnen.

Nach Monaten des ermüdenden Wanderns und häu-
figem «Murren» gegen Moses, weil er sie dem Hun-
ger, Durst und den ungewohnten Tag- und Nachtex-
tremen der Wüstentemperaturen ausgesetzt hatte,
kam das Volk am Fuße des Berges Sinai an. Moses
spielte nun die menschliche Schlüsselrolle bei einem
entscheidenden Ereignis, welches das moralische und
physische Leben des jüdischen Volkes von da an formen sollte.

Der Bund

Moses war das Medium, durch welches der Bund zwischen Gott und den Israeliten geschlossen wurde – die genaue Bundesprozedur wird in Exodus 19 berichtet. Das Volk war bereit, den göttlichen Kodex anzunehmen und sich ihm zu fügen. Die Zehn Gebote waren Meilensteine für das menschliche Verhalten, welche heute nach drei Jahrtausenden immer noch als der Prüfstein zivilisierten Lebens respektiert werden. Zu jener Zeit jedoch waren die Idee eines einzigen, unsichtbaren Gottes und die Vorschläge, daß töten scheußlich, Diebstahl tadelnswert, Götzenanbetung eine Abscheulichkeit sind, daß der Sabbat eine lebenswichtige Schutzmaßnahme für die Gesundheit der arbeitenden Bevölkerung und der Respekt für den Nachbarn entscheidend wichtig für eine harmonische Gesellschaft ist, erschreckend und revolutionär. Die Erklärung der Zehn Gebote markierte einen historischen Bruch mit den bestehenden Ansichten, Gebräuchen und Praktiken, und sie stellte einen gewaltigen Fortschritt des menschlichen Begreifens der Beziehungen zwischen Mensch und Gott dar.

Der Bundesakt und der Bundestext, die Zehn Gebote, waren die Grundsteine des Nationwerdens von Israel, indem sie die zwölf Stämme zu einer gesonderten religiösen und politischen Gemeinschaft zusammenschweißten. Ihre Anerkennung dieses neuen und bindenden Systems von Gesetzen – auf die Gebote folgte eine umfassende Serie von religiösen und politischen Vorschriften, die als Bundeskodex bekannt sind (in Ex 21–23) – war eine Vorbedingung für Einigkeit; Moses, der Staatsmann, wußte, daß Einigkeit für die bevorstehenden harten Aufgaben nötig war. Die späteren Propheten werden dies ebenfalls wissen, und sie werden wie Moses in den Idealen der gerechten Gesellschaft und der Verehrung des Gesetzes sowohl edle Ziele als auch den Schlüssel für die Einheit der Nation sehen. Moses stand vor Problemen, die viel komplizierter waren als jene seiner prophetischen Nachfolger. Er mußte die Nation in ihren Anfängen formen, solange sie noch ihrem Ziele entgegenwanderte. Jedoch konnte er politische Macht ausüben. während das einzige Instrument der späteren Propheten deren Stimme war. Sie mußten mit Worten überzeugen. Moses mußte das auch tun; aber wenn die Worte nicht ausreichten, konnte er seine Macht gebrauchen, indem er gelegentlich rücksichtslos durchgriff (so wie er es bei dem Zwischenfall mit dem Goldenen Kalb getan hatte), um die allgemeine Befolgung des Gesetzes sicherzustellen.

Kamelzeichnungen (oben) auf nubischem Sandstein. Im ganzen Sinai-Gebiet findet man am Rande der Karawanenwege Sgraffiti, die von Reisenden und Pilgern angefertigt wurden. Unter den Felsenzeichnungen, die man im Sinai-Gebiet fand, war auch die Darstellung einer Menora (unten), des siebenarmigen Leuchters, der in einer Vision Sacharjas (Sach 4, 2) beschrieben ist. Dieser Leuchter wurde zum jüdischen Symbol des Lichtes, des Geistes und der Herrschaft dieses Geistes über die Macht. Die Menora war eines der rituellen Gefäße im Zweiten Tempel. Heute stellt sie das Emblem des Staates Israel dar.

«Höre, Israel»

Von den vierzig Jahren, welche die Israeliten in der Wüste verbrachten, verweilten sie achtunddreißig Jahre in Kadesch-Barnea, etwa 80 Kilometer südlich von Beerscheba, und dort bereitete Moses die jüngere Generation geistig und körperlich auf den nächsten gewaltigen Schritt vor, einen Riesenschritt, welchen sie – und nur sie allein – unternehmen werden: Der Einmarsch in das Gelobte Land und ihre Niederlassung als eine unabhängige Nation. Er unterstrich die Oberhoheit des Sinai-Bundes, entwickelte den religiösen Kodex, erweiterte die zivilen Gesetze, festigte seine Verwaltungsorganisation, schulte Untergebene, an die er Amtsgewalt delegieren konnte, und befahl militärisches Training (wahrscheinlich unter der Leitung von Josua).

Die erste bedeutende Prüfung auf dem Schlachtfeld kam, als sie Kadesch verließen. Moses bewies militärische Weisheit, indem er einen weiten Umweg ins Heilige Land wählte. Die kurze direkte Route hätte seine untrainierten Männer zu früh auf ausgebildete Krieger und harte Gegenwehr stoßen lassen. Die längere Route gab ihnen die Möglichkeit, ihre militärische Kraft bei Scharmützeln und weniger entscheidenden Schlachten auszuprobieren. Zu der Zeit, als

Teil eines Wandgemäldes in einem Grab in Theben aus dem 13. Jahrhundert v. Chr., der Zeit des Auszugs aus Ägypten, das an die Unzufriedenheit der Israeliten in Tabera erinnert: «Die Fische, die wir in Ägypten aßen» (Num 11, 5).

Und Gott sandte ihnen Wachteln. Noch immer gibt es im Sinai-Gebiet Wachteln, die bis vor kurzem in Netzen gefangen wurden (oben). Diese Pflanze, die im Sinai-Gebiet häufig vorkommt (unten), bringt ein harzähnliches Sekret hervor, das nach Meinung von Botanikern der Beschreibung des biblischen Manna entspricht.

Die verzierten Türen des Thora-Schreins der Synagoge in Mantua aus dem 19. Jahrhundert, die sich jetzt in der Italienischen Synagoge in Jerusalem befinden. Die Tafeln zeigen die Anfangsworte der Zehn Gebote (oben). Etwa dreitausend Stufen führen zum Gipfel des Dschebel Musa, dem «Berg Moses», im Herzen des rauhen Gebietes von Süd-Sinai empor (unten). Nach einer frühen Überlieferung soll Moses hier die Gebote empfangen haben.

sie das Ostufer des Jordans erreicht und einen breiten Gürtel besetzt hatten, waren sie kampfgehärtet und bereit, die Eroberung und Besiedlung des Gelobten Landes zu beginnen.

Dank Moses konnte die neue Generation der Israeliten dieser Herausforderung – und ihrer Schicksalsbestimmung – mit Zuversicht begegnen. Er war es, der unter göttlicher Anleitung deren Eltern zum Widerstand zusammengeschart, ihre Fesseln zerbrochen und sie sicher durch die Wüste geführt hatte. Er hatte aus den verschiedenen Sippen den Keim einer Nation geformt und hatte die Grundlage für eine nationale Disziplin durch die Bereitstellung einer zentralen Gesetzesstruktur gelegt. Und er war es, der den Geist der Freiheit lebendig erhalten hatte, während sein Auge stets auf das Ziel der Befreiung fixiert war, indem er sein Volk vorwärts trieb, zuweilen sanft, zuweilen drastisch. Er nahm sich ihrer leiblichen Nöte an, er stärkte ihre Moral während der Augenblicke voller Verzweiflung, und er erfüllte allzeit ihre Herzen mit seinem eigenen Gefühl des zielstrebigen Vorhabens.

Seine Aufgabe war nunmehr erfüllt, obwohl er darüber schmerzlich betrübt gewesen sein mußte, daß ihm nur ein flüchtiger Blick auf das Gelobte Land, aber nicht sein Betreten erlaubt wurde. Er konnte sich mit dem Gedanken trösten, daß das, was er und seine

Generation erreicht hatten, sehr wesentlich war und
daß es bei all ihren Unzulänglichkeiten ihre außerordentlichen Bemühungen und grimmigen Leiden gewesen waren, was ihre Kinder in Reichweite der
Früchte gebracht hatte. Sie hatten die Grundsteine
gelegt. Es war nun eine Sache der jungen Generation,
sich dem Kampf für Unabhängigkeit in ihrem eigenen Lande zu stellen. Er hatte Zutrauen zu ihnen und
dem Manne, der sie führen wird – sein Nachfolger
würde Josua sein –, und er hatte keine Zweifel, daß sie
sich ihrer Aufgabe gewachsen zeigen würden, sofern
sie dem Bund mit Gott treu blieben.

Bevor er starb, gab Moses eine Serie von Abschiedsbotschaften an die Gemeinde Israel (in der ersten Person im Deuteronomium berichtet), und seine Worte
sollten in verschiedenen Formen von den auf ihn folgenden Propheten aufgegriffen werden. Moses, der
Erzieher, berichtete ausführlich den Kindern und Enkeln der Staatssklaven, welche den großen Freiheitsmarsch begonnen hatten, das Drama des Exodus und
die Wanderung durch die Wüste, und schärfte ihnen
ein, weder diese, noch ihren Ursprung jemals zu vergessen. Moses, der Prophet und Gesetzgeber, rief die
Gebote und den Bundes-Kodex ins Gedächtnis zurück. Und Moses, der nationale Führer, gab ihnen
Richtlinien für ihr zukünftiges Verhalten, wenn sie

sich in ihrem Lande niederlassen würden. Sein
«Schma Jisrael» wurde der wichtigste Text im hebräischen Gebetbuch: «*Höre, Israel:* Der *Herr* ist unser
Gott, der *Herr* allein! Du sollst den *Herrn,* deinen
Gott, aus ganzem Herzen, aus ganzer Seele und mit
aller deiner Kraft lieben. Diese Worte, die ich dir heute befehle, seien in deinem Herzen! Auch sollst du sie
deinen Kindern einschärfen und davon reden, wenn
du in deinem Hause sitzt oder unterwegs bist, wenn
dich niederlegst oder wenn du aufstehst» (Dtn 6, 4–7).
Der ausdrückliche Befehl, «Auch sollst du sie deinen
Kindern einschärfen...», wurde all die folgenden Generationen und Jahrhunderte lang treu befolgt und ist
sicher einer der Gründe für das Überleben der Juden.
Moses starb «dort im Lande Moab... Und begrub ihn
im Tal... und niemand hat sein Grab erfahren bis auf
den heutigen Tag» (Dtn 34, 6). Der Ort seiner Grabstätte wurde offensichtlich bewußt verheimlicht, um
zu verhindern, daß er zu einer Kultstätte würde. «Es
stand hinfort kein Prophet in Israel auf wie Moses, mit
dem der *Herr* von Angesicht zu Angesicht verkehrte»
(Dtn 34, 10).

24

וַיָּשֻׁבוּ לֹ וַיָּתֻרוּ לֹ וַיַּתְמְהוּ לֹ   וַיַּתְמְהוּ לֹ:
לֹב ::::

אֵלֶּה מֹשֶׁה

שְׁלַח־לְךָ אֲנָשִׁים

וַיָּתֻרוּ אֶת־אֶרֶץ כְּנַעַן

אֲשֶׁר־אֲנִי נֹתֵן לִבְנֵי

יִשְׂרָאֵל אִישׁ אֶחָד

אִישׁ אֶחָד לְמַטֵּה

אֲבֹתָיו תִּשְׁלָחוּ כֹּל נְשִׂיא

תִּשְׁלָחוּ בֹ וְסִימְצֵדֻן לְמַטֵּה אֲבֹתָיו
תִּשְׁלָחוּ וַיֹּאמְרוּ לֹא תִשְׁלָחוּ :ס:

2 Die frühe Zeit

Josua ist weithin als der Krieger-Führer bekannt, und seine militärische Tapferkeit war in der Tat gewaltig. Im Verlaufe der langen und harten Feldzüge zur Unterwerfung vieler Kleinstkönigreiche und halbnomadischer Gruppen erwies er sich als ein einfallsreicher und mitreißender Kommandeur, von weiser Strategie, findiger Taktik und als im Kampfe verwegen. Jedoch vergaß er niemals, daß er nicht nur der Nachfolger des nationalen Führers Moses war, sondern auch des Propheten Moses. Er sah sein militärisches Kommando und seine geistliche Führung als untrennbare Funktionen seiner Führerschaft an.

Kurz nach der Schlacht von Aj, welche auf den israelitischen Erfolg bei Jericho folgte, nutzte er die nächste Gelegenheit, um sein Volk an den Hängen der Berge Ebal und Garizim zu versammeln und schrieb dort «auf die Steine eine Abschrift des Gesetzes des Moses... Darauf las er alle Worte des Gesetzes vor, Segen und Fluch, genau wie es im Gesetzbuch geschrieben steht. Von all dem, was Moses angeordnet hatte, gab es nichts, was Josua vor der Gesamtgemeinde Israel... nicht verlesen hätte» (Jos 8, 32–35).

Bei ähnlichen Versammlungen zwischen den Schlachten des ganzen Feldzuges ermahnte Josua seine Anhänger, sich fest an den Mosaischen Bund zu halten: «Nur achtet gewissenhaft darauf, dem Befehl und der Anweisung, die euch Moses, der Knecht des *Herrn*, befohlen hat, zu folgen: Liebt den *Herrn*, euren Gott, und wandelt auf seinen Wegen...» (Jos 22, 5).

Josua der Eroberer

Sein Appell an den Geist hatte zweifellos eine aufmunternde Wirkung auf die Kampfmoral seiner Truppen und entsprechende Folgen auf den Verlauf des Krieges. Er und seine Männer standen keinem leichten Feldzug gegenüber. Sie mußten fast unüberwindliche Verteidigungswälle und Hindernisse hinter sich bringen, um den Sieg zu erlangen. Diese Hindernisse waren kaum dafür gedacht, die mächtigen Heere der nördlichen und südlichen Reiche aufzuhalten, die periodisch in Kanaan eindrangen. Die fremden Truppen kämpften auf der Erde Kanaans und verwüsteten das Land. Bei diesen Gefechten blieben die meisten Einwohner neutral, um sich nachher in den Schutz des jeweiligen Siegers zu stellen. Die Verteidigungswälle waren hauptsächlich dazu da, Angriffe eines unmittelbaren Nachbarn oder schlecht geplante Invasionen halbnomadischer Gruppen, wie zum Beispiel der Israeliten, zu vereiteln.

Sie hatten allen Grund zu glauben, daß die Anlagen sich gegen Josua als ausreichend erweisen würden. Denn die Israeliten waren zu Beginn dürftig bewaffnet, es fehlte ihnen an Standard-Ausrüstungen ihrer damaligen Zeit. Weil Josua keine Mittel hatte, um die Schutzwehr einer von einer Mauer umgebenen Stadt zu übersteigen, zu unterminieren oder zu brechen, mußte er zu Kriegslisten Zuflucht nehmen, wie er es bei Jericho und Aj getan hatte, und er mußte sich auf den überlegenen Kampfgeist seiner Truppen verlassen. Gleichermaßen wichtig war hohe Moral im harten konventionellen Kampf in offenem Gelände. Die Israeliten wurden mit jedem Erfolg stärker, zuversichtlicher, geschickter und abgehärteter. Ihr wachsendes Ansehen diente auch dazu, den Kampfgeist ihrer möglichen Feinde zu schwächen, und einige suchten hastig, Verträge mit Josua zu schließen, um einer bewaffneten Auseinandersetzung zu entgehen. Die Israeliten kontrollierten gegen Ende des Feldzuges den größten Teil des Landes, und Josua versammelte «die ganze Gemeinde der Israeliten» bei Silo, etwa 30 Kilometer nördlich von Jerusalem, und «errichtete dort das Offenbarungszelt» (Jos 18, 1).

Als die Stämme sich niedergelassen hatten, war Silo wahrscheinlich der erste Ort jüdischer religiöser Wallfahrt, in Übereinstimmung mit dem ausdrücklichen Befehl in Exodus 23, 17 und 34, 23 sowie in Deuteronomium 16, 16: «Dreimal im Jahre sollen alle männlichen Personen vor dem Gebieter und *Herrn* erscheinen an der Stätte, die er erwählt: Am Feste der ungesäuerten Brote, an Pfingsten und an Laubhütten.»

Die Bundeslade wurde während beinahe zwei Jahrhunderten von einem Stammeszentrum zum andern gebracht, so daß sie für eine Zeitspanne bei jedem Stamm verblieb. Ihr letzter zeitweiliger Platz war gegen Ende des 11. Jahrhunderts vor Christus wiederum Silo. Zu Beginn des 10. Jahrhunderts brachte David die Bundeslade nach Jerusalem, wo sie dann verblieb, und Jerusalem wurde von da an das dauernde Zentrum jüdischer Wallfahrt.

Nachdem die Kämpfe aufgehört hatten, konnten die Stämme mit der Besiedlung der ihnen bezeichneten Gebiete beginnen. Fünf Stämmen wurden spezifische Gebiete zugewiesen. Der Rest des Landes wurde durch das Los unter den verbleibenden sieben Stämmen aufgeteilt. Die Lose wurden auf einer besonderen Versammlung gezogen, die Josua in Silo zusammengerufen hatte. In die Verteilung für die zukünftige Besiedlung wurden diejenigen Gebiete eingeschlossen, welche noch nicht unterworfen waren. Aus den Büchern Josua und Richter geht hervor, daß bei Josuas Tod der äußerste Norden Kanaans und die

Durch die leicht passierbaren Jordan-Furten (oben) sollten die Israeliten Kanaan betreten. Ansicht der Stadt und der Ebene von Jericho (unten), gegen Osten. Der lange Sandrücken in der oberen Bildhälfte ist der Hügel, in dem Teile des alten Jericho ausgegraben wurden. Der Tonkrug (rechts) hat die Form des Kopfes eines Kanaaniters. Er stammt aus dem 16. Jahrhundert v. Chr. und wurde bei archäologischen Funden in Jericho, der ersten von Josua besiegten kanaanitischen Stadt, entdeckt.

Die Priester blasen das Widderhorn (den Schofar), und das Heer der Israeliten, mit der Bundeslade in der Mitte, marschiert rund um die Stadtmauern von Jericho. Ein aus dem 18. Jahrhundert stammender holländischer Kupferstich.

Küstenebene noch nicht erobert waren. Auch gab es verschiedene Festungen im Zentrum, wie die Städte Jerusalem und Gezer, die eine Zeitlang als Feindenklaven innerhalb Israels weiterbestanden.

Bevor er starb, «versammelte Josua alle Stämme Israels in Sichem», und dort, bei der feierlichen Versammlung, «schloß Josua für das Volk an jenem Tage einen Bund... Josua schrieb jene Worte in das Gesetzbuch Gottes»... (Jos 24, 1.25–26). Diese Zeremonie war eine Erneuerung des Sinai-Bundes. Sie wurde wahrscheinlich deshalb in Sichem gehalten, um die größte Gefahr der Bundestradition hervorzuheben, nämlich den Einfluß des Heidentums. Die örtlichen Sichemiten unterhielten freundliche Beziehungen mit den Israeliten. Sie waren aber Heiden. Josua hatte ohne Zweifel diesen Ort gewählt, um die Stämme vor den möglicherweise ansteckenden Riten ihrer Nachbarn zu warnen, wenn sie die Besiedlung ihrer Gebiete begannen. Die Zeremonie war auch eine Bestätigung dessen, was Josua sicher als die Hauptquelle ihres militärischen Erfolges betrachtete – der Einigkeit der Stämme. Alle waren ihrem Bunde mit Gott verpflichtet sowie ihrem besonderen Glauben. Dies machte die Israel-Erfahrung so völlig verschieden von derjenigen anderer infiltrierender nomadischen Gruppen, welche versucht hatten, in Kanaan festen

Fuß zu fassen. Die Israeliten waren eine fester zusammenhängende Macht als die Feinde, denen sie sich gegenübersahen, und wurden von einer stärkeren Zielstrebigkeit angetrieben. Deswegen zeigten sie auch eine stärkere Kampfmoral. John Bright weist darauf hin, daß es ihr einzigartiger Glaube war, «welcher Israel aus seiner Umgebung herausführte und es zu dem charakteristischen und schöpferischen Phänomen machte, welches es war».

Der Stämmebund

Es erschien als wahrscheinlich, daß die von Josua während seines Lebens geschmiedete Einheit nach seinem Tode auseinanderfallen würde. Das Heer wurde aufgelöst, als jeder Stamm in sein Siedlungsgebiet zog, und jeder war alsbald damit beschäftigt, sich an das neue Schema eines stabilen landwirtschaftlichen Lebens anzupassen und das eigene Stammesgebiet zu entwickeln. Es gab keine Zentralverwaltung und keine zentrale Heeresorganisation. Jeder Stamm unterhielt eigene Streitkräfte, um seine eigenen Grenzen zu schützen. Da es keinen Nachfolger für Josua gab, war auch kein übergeordneter zentraler Führer da. Deswegen gewannen die Stammesältesten ihre

Der Dolch (rechts) und die Lanzenspitze (links) wurden bei archäologischen Ausgrabungen gefunden. Bei Josuas Eroberung wurden solche Waffen gebraucht. (Die andere Waffe, in der Mitte, gehört in die Patriarchenzeit.)

unabhängigen Machtbefugnisse zurück, und jeder Stamm tendierte dazu, seine eigenen Wege zu gehen. Es war bittere Ironie, daß gerade die Einheit, welche sie zu solch phänomenalen Erfolgen geführt hatte, nun verschleudert werden sollte.

Tatsächlich schien es so, als ob die Israeliten in ihren früheren Stammes-Separatismus zurückfallen, sich in ihre zwölf Bruchstücke auflösen würden. Dieser Vorgang wäre zu seinem logischen Ergebnis gekommen, wenn sie heidnische Stämme wie die Völker um sie herum gewesen wären. So würden sie schließlich ganz verschwunden sein. Wegen der dramatischen Ereignisse am Sinai waren sie jedoch eine Föderation von Stämmen, welche durch einen charakteristischen Kodex zusammengehalten wurde und in ihrem gemeinsamen Bund mit Gott vereinigt waren. Zu ihrem gemeinsamen Glauben kam noch die gemeinsame Erinnerung an die großen Wunder ihrer unmittelbaren Vergangenheit. Deshalb sahen sie alle zu dem zentralen Schreine auf, in welchem sich die Bundeslade befand, wieviel ziviler Autonomie sich auch immer jeder Stamm erfreute. Der Ort des Schreins war der zentrale Punkt der Föderation. Zu festlichen Zeiten pilgerten die Stämme dorthin, um sich zu begegnen. Die Stammesältesten benutzten die Gelegenheit, ihre Ansichten über gemeinsame Probleme auszutauschen und

Das Tal Ajjalon, ungefähr in der Mitte zwischen Jerusalem und Jaffa.
Hier hieß Josua den Mond stillstehen, damit die sich
zurückziehenden Heere der fünf Könige, die Gibeon angegriffen
hatten, nicht im Schutze der Dunkelheit entfliehen konnten.

möglicherweise Grenzstreitigkeiten zu bereinigen. Sie werden vielleicht auch einer begrenzten Zusammenarbeit in Angelegenheiten gegenseitigen Interesses zugestimmt haben.

Während der Anfangszeit der Besiedlung war solcher Erfahrungsaustausch formlos und führte selten zu gemeinsamer Taktik und Aktion, weil keine ernsthafte Gefahr vorhanden war. Die beiden Großmächte, die Hethiter im Norden und die Ägypter im Süden, die hätten intervenieren können, waren zu Beginn des 12. Jahrhunderts vor Christus im Niedergang. Die örtlichen Feinde hatten sich von ihren Niederlagen noch nicht erholt. Mit gelegentlichen kleinen Überfällen plündernder Nomaden konnte jeder Stamm selber fertig werden, dazu genügte die Stammesmiliz von altgedienten Kriegern.

Doch wurde innerhalb einiger Dekaden zwischenstammliche Zusammenarbeit vordringlich, als Einfälle neuer furchtbarer Feinde und Angriffe der alten die Existenz aller Stämme bedrohten; die alten Feinde hatten sich inzwischen erholt. Die Philister – ein rauhes Volk – kamen in der zweiten Hälfte des Jahrhunderts aus dem ägäischen Gebiet, sie siedelten sich in dem noch nicht unterworfenen Küstengebiet an und versuchten, ins Innere vorzustoßen. Dann kamen die Midianiter aus der Wüste. Sie setzten die erst seit jüngster Zeit gezähmten Kamele für tief ins Land vorgetragene Überfälle ein. Schwierigkeiten gab es auch mit den kanaanitischen Stadtstaaten, die von Josua nicht erobert worden waren. Die Aramäer sickerten von Syrien ein. Eine ernste militärische Gefahr ging von Moab und Ammon am Ostufer des Jordans aus. Einige dieser Völker hofften, die Israeliten Stamm für Stamm zu verschlingen. An Stelle dessen jedoch hämmerten sie die Israeliten in eine nationale Einheit hinein, auch wenn dieser Vorgang lange andauerte.

Zu Zeiten einer akuten Krise verschmolzen mehrere Stämme ihre Interessen und fochten für die gemeinsame Sache. Dabei versammelten sie sich wieder hinter einem ad hoc gewählten Führer. Diese Führer wurden «Richter» genannt. Sie führten das Volk in einem Feldzug, um entweder einen gefährlichen Angriff abzuwehren oder ein Stammesgebiet zu befreien, welches überwältigt und tributpflichtig gemacht worden war. Sie wendeten sich mit dringenden Appellen um gemeinsame Aktion an die anderen Stämme. Sie betonten die für alle vorhandenen Gefahren, erinnerten sie dringlich an ihre Bundespflichten und an die Notwendigkeit, für das Überleben der ganzen Gemeinde sowie für die Erhaltung ihres Glaubens zu kämpfen. Sie hatten keinen offiziellen Auftrag. Sie konnten auch einem Stamme keine Sanktionen auferlegen,

Ein Basaltstück mit dem Relief eines Löwen und Stelen. Steinmonumente aus den Überresten eines kanaanitischen Tempels aus dem 14.–13. Jahrhundert v. Chr. in Hazor.

wenn dieser nicht reagierte, wie es viele taten. Ihre Führerschaft war nur zeitweilig. Zumeist hörte der Richter auf, Autorität auszuüben, sobald die Gefahr vorüber war. Sie Stämme gingen dann wieder ihre eigenen getrennten Wege – bis zur nächsten gefährlichen Bedrohung und einer weiteren spontanen Wahl eines Richters.

Die Richter

Die Richter wurden nicht aus einem besonderen Stamm ernannt, auch nicht notwendigerweise aus den Reihen der Stammesältesten. Einer war eine Frau. Der Rest waren Männer, die sich im Kampfe ausgezeichnet und sich über ihren eigenen Stamm hinaus den Ruf besonderer Tapferkeit oder militärischen Einfallsreichtums erworben hatten. Alle besaßen Charisma – die Ausstrahlung göttlicher Gnade – und erzeugten den Eindruck in der Öffentlichkeit, sie seien von der Hand Gottes berührt worden. Deswegen genossen sie Respekt und Prestige über die Stammesgrenzen hinaus. In Augenblicken der Gefahr kam die Forderung aus dem Volk an sie, die Zügel der Führerschaft zu übernehmen.

Der Bericht ihrer Taten erscheint im Buch der Richter

Unter einer Palme im hügeligen Land Efraim saß die Richterin
Debora und gab dem Volke Israel Rat. Sie spielte eine entscheidende
Rolle, indem sie die Einheit unter den Stämmen förderte und sie in
kritischen Lagen anspornte, militärische Siege zu erringen.

und erleuchtet das Muster des israelitischen Lebens
von Anfang des 12. bis zum letzten Teil des 11. Jahrhunderts vor Christus. Das biblische Buch registriert
die Namen von zwölf Richtern. Sechs davon werden
nur gerade so erwähnt. Die sechs prominenteren sind
Otniël, Ehud, Debora, Gideon, Jephtha und Simson,
und von diesen wiederum sind die hervorragendsten
Debora und Gideon.
Otniël war der erste der Krieger-Richter, der vom
Herrn berufen wurde: «... der *Herr* ließ den Kindern
Israel einen Retter erstehen...» (Ri 3, 9), als sie unter
starken Druck durch das nördliche Königreich Aram
gerieten. Er führte die Stämme zum Sieg. Zu Ehuds
Zeiten kam die Gefahr aus dem Osten. Die Moabiter
aus Transjordanien waren stark geworden und drangen nach Westen über den Fluß vor. Ehud brachte ihren weiteren Übergriff mit einer tapferen Tat zum
Stehen, als sie Jericho, «die Palmenstadt» (Ri 3, 13),
erreichten, womit er den Weg für einen geschickten
israelitischen Gegenangriff bereitete.
Zu Deboras Zeit kam die Gefahr von einer Gruppe
von kanaanitischen Herrschern, welche sich unter
«Jabin, dem König von Kanaan» (Ri 4, 2), zusam-
mengerottet hatten. Sein Feldherr war Sisera. Seine
Streitkräfte hätten das Jesreel-Tal nehmen und die
nördlichen Stämme von jenen in der Mitte abschnei-

Der im 9. Jahrhundert v. Chr. erbaute Wassertunnel von Megiddo
(mit einer kürzlich für die Touristen errichteten Holzbrücke) sollte den
Bewohnern der Stadt bei Belagerungen Zugang zu einer Wasserquelle
außerhalb der Stadtmauern geben. Ein 40 Meter tiefer Schacht führte
zum Zentrum Megiddos in diesen Tunnel hinein, der auf eine Ent-
fernung von etwa 100 Metern durch den Felsen hindurchgebohrt worden ist.

den können, denn sie verfügten über eiserne Kampfwagen, welche die Israeliten nicht hatten. Debora rief zu einer gemeinsamen Aktion der Stämme und forderte den hervorragenden israelitischen Soldaten Barak auf, das Kommando zu übernehmen. Der Feind wurde bei der entscheidenden Konfrontation mit Sisera besiegt und Israels Bedrohung dadurch aufgehoben. Dieser Erfolg wurde jedoch von nur einigen wenigen Stämmen bewirkt. Trotz der Gefahr gingen einige Stämme nicht darauf ein. Deboras Siegeshymne enthält hohes Lob für diejenigen, die am Feldzug teilgenommen hatten, aber vernichtenden Hohn für die andern, welche sich herausgehalten hatten. Die Einheit war noch weit entfernt.

Der nächste Richter Gideon war ein einfallsreicher militärischer Kommandeur und ein so volkstümlicher Führer, daß das Volk ihn sich zum König wünschte. Er sagte jedoch «... der *Herr* sei euer Herrscher!» (Ri 8, 23) und wies das Angebot zurück. Der Vorschlag, *einem* Manne die Oberhoheit über alle Stämme zu übertragen, zeigte immerhin, daß sie im 11.Jahrhundert die Notwendigkeit einer zentralen Verwaltung zu erkennen begannen. Gute Bauern waren sie in den hundert Jahren geworden, seit sie die Besiedlung des Landes begonnen hatten. Der wachsende Wohlstand erzeugte zunehmende Bedrohungen von habgierigen Nachbarn und fernen Plünderern. Ohne Zweifel war es dieser Umstand, der ihren Wunsch nach engerer Zusammenarbeit zwischen den Stämmen hervorrief. Gideons meisterhafte Strategie bei der Charodquelle machte ein Ende mit den alljährlichen Einfällen der Midianiter, welche auf ihren Kamelen von der südlichen Wüste nach Norden vorstießen, um die israelitischen Kornkammern zur Erntezeit zu berauben.

Jephtha war ein Gileadit, aus dem israelitischen Teil von Transjordanien, in welches die Ammoniter aus der Nachbarschaft eingefallen waren. Obwohl Jephtha ein harter militärischer Führer war, versuchte er zunächst mit Diplomatie, einen friedlichen Rückzug der Ammoniter herbeizuführen. Der ausführliche Meinungsaustausch zwischen beiden Seiten wird in Richter 11, 12–28 berichtet. Erst als sich die Verhandlungen als fruchtlos erwiesen, nahm er den Kampf auf.

Die farbigste Gestalt unter den Richtern war Simson. Er übte keine allgemeine Autorität aus. Er handelte vielmehr als eine Ein-Mann-Kommandoeinheit und unternahm selten kühne Taten gegen die Philister. Seit diese sich in den Küstenebenen eingenistet hatten, waren sie ziemlich stark geworden und plagten die Israeliten durch häufige Überfälle im Grenzland,

Gideon drosch Korn, als er berufen wurde, die Schlacht zu kommandieren und dann die Führung seines Volkes zu übernehmen. In einigen arabischen Dörfern Israels trennt man immer noch nach der alten Methode das Korn von der Spreu.

welche sich schließlich zu einem vollen Kriege auswuchsen. Aber es gab keine konzertierte Aktion, um die Philister aufzuhalten. Deswegen nahm sich Simson der Angelegenheit selber an. Seine spektakulären Heldentaten (Ri 13–16) beflügelten die Vorstellungskraft seines Volkes. Simson trug gewissermaßen dazu bei, daß schließlich die Notwendigkeit der nationalen Einheit erkannt wurde.

Die Zeit der Richter war mit Gefahr und Ungewißheit verwoben. Das Geschick Israels hing oft in der Schwebe. Wir haben bereits gesehen, daß es Zeiten gab, während denen es fraglich war, ob die Stämme überleben oder untergehen würden; ob sie ihre einzigartige Identität bewahren oder sich mit den umgebenden Völkern verschmelzen würden; ob sie ihrem *Bund* und ihren Geboten treu bleiben oder die Götter ihrer Nachbarn annehmen würden; oder ob das nationale Ziel den egozentrischen Ehrgeiz der Stämme überwinden könnte.

Erst beim Erscheinen des Propheten Samuel können wir die Anfänge des Verschmelzens von Religion und Nation-Werden erkennen.

Die Charodquelle in der Talebene Jesreel. Hier führte Gideon seinen berühmten «Wassertest» aus und wählte von den Tausenden, die sich für den Kampf gegen die Midianiter gestellt hatten, dreihundert Männer aus. Die Charodquelle ist heute ein Nationalpark.

3 Der widerstrebende Königmacher

Die Ungewißheit über das Stammesbündnis wurde unter der Führerschaft Samuels zu Ende gebracht. Er steuerte Israel auf die nächste Entwicklungsstufe, die noch während seiner Lebenszeit durch die Errichtung der Monarchie gekennzeichnet wurde. Gewiß war er der bedeutendste der frühen Propheten seit Moses. Obwohl er vor allem als der Prophet Samuel bekannt ist, war er der letzte und größte Richter und der erste seit Josuas Tod. Er war auch der erste Richter seit dem Anfang israelitischer Besiedelung des Gelobten Landes, der die Stämme zusammenführte. Er gab ihnen während längerer Zeit eine zentrale Orientierung. In den Jahrhunderten der Entwicklung des hebräischen Volkes war er neben Moses und Josua einer der hervorragendsten Führer.

Seine Macht und Autorität entsprangen einer Vielzahl von Fähigkeiten. Obgleich er Richter im Sinne der Gesetzgebung war und regelmäßig zu Gericht saß (wir erfahren es aus 1 Sam 7, 15–17), besaß er wie die früheren Richter Charisma. Genauso wie mehrere von ihnen hatte er ein gutes Urteilsvermögen und war weise. Im Unterschied zu den meisten andern war er eine Persönlichkeit geistlicher Erhabenheit, der dem *Herrn* von Geburt an geweiht war. Er verstand es, die Mosaischen Gesetze auszulegen und setzte die Normen rechtschaffenen Benehmens fest, welche respek-

tiert, aber nicht von allen akzeptiert wurden. Außerdem hatte er die politischen Angelegenheiten fest in der Hand. Er kannte sich auch in Strategie und Kriegsführung aus, obwohl er kein Militärführer war. Selbst die Stammesältesten hatten Furcht vor ihm. Dennoch huldigten sie ihm und verzichteten auf einen Teil ihrer eigenen Autorität. Sie taten dies weniger seiner außerordentlichen Tugenden wegen, sondern vielmehr, weil sich die Stämme in Schwierigkeiten befanden. Als Samuel sie erstmals zu einer Zusammenkunft auf einem Berge bei Mizpa (nördlich von Jerusalem) aufforderte, kamen sie, denn ihre Moral war auf einem Tiefpunkt angelangt. Sie hofften, Worte des Trostes und der Hoffnung zu vernehmen. Eben hatten sie einen vernichtenden Rückschlag in einer Schlacht gegen die Philister mit großen Verlusten in der Nähe von Afek erlitten.

Am furchtbarsten war aber, daß sie die Bundeslade eingebüßt hatten. In einem Augenblick der Verzweiflung hatten sie die Lade nach dem Schlachtfeld von Silo gebracht. Dort war sie dem Feinde in die Hände gefallen. Als sie sich bei Mizpa versammelten, waren sie wie gelähmt. Zunächst tat Samuel wenig, um ihre Gefühle zu schonen. Er warf ihnen ihr religiöses Abgleiten vor und sprach sie auf ihre Sehnsucht nach den Gottheiten Kanaans an. Eindringlich ermahnte er sie,

Ganz Israel ... wußte, daß Samuel vom Herrn als Prophet bestellt war
(1 Samuel 3, 20)

Das Dorf Nebi Samuel auf einem Hügel über Jerusalem wird von alters her als der Geburtsort des Propheten angesehen (arabisch «Nebi»).

den Glauben zu erneuern und auf den Weg der Rechtschaffenheit zurückzukehren. Als die Philister erfuhren, daß die Israeliten in Mizpa waren, gingen sie gegen sie vor. Samuel erweckte ihren Mut mit einem weithin schallenden Ruf zu den Waffen und fügte hinzu: «Ich will für euch beim *Herrn* Fürbitte einlegen» (1 Sam 7, 5). Nach seiner Fürsprache öffneten sich die Himmel und entfesselten ein heftiges Gewitter, welches den Feind in Verwirrung brachte. Danach war Samuels Autorität unwidersprochen.

Es kann deshalb gesagt werden, daß Samuel durch die Bedrohung der Philister zur Führerschaft getrieben wurde, die er beinahe für den Rest seines Lebens innehatte; während seiner Amtszeit in der zweiten Hälfte des 11. Jahrhunderts vor Christus bestand die Philistergefahr dauernd. Es war die ernsteste Gefahr, der die Israeliten seit der Eroberung ausgesetzt waren, und der Kampf sollte das Schicksal entscheiden. Seit dem Rückzug der Ägypter aus diesem Gebiet drehte es sich darum, wer die Vorherrschaft über das Land gewinnen würde: die Philister oder die israelitischen Stämme. Die Philister hatten sich in der Küstenebene eingenistet, sie hatten materiell eine höhere Kulturstufe erreicht, denn sie waren gut organisiert und gut bewaffnet. Bei Grenzlandüberfällen waren sie auf israelitische Siedlungen vorgerückt und drängten nun

43

Und Samuel gebot: «Versammelt ganz Israel nach Mizpa» *(1 Samuel 7, 5)*

ins Innere mit dem Ziel, die Stämme zu unterwerfen oder sie aus dem Lande zu verjagen. Dies wäre ihnen wahrscheinlich auch gelungen, wenn die Stämme als zerstückelte unabhängige Einheiten weiterbestanden hätten. Weil diese aber erkannten, daß ihre schlecht ausgebildeten und schlecht ausgerüsteten Stammesmilizen keine Chance gegen einen gemeinsamen Überfall der Philister hatten, solange jeder Stamm unabhängig vom andern handelte, waren sie bereit, eine zentrale Führung anzunehmen. Die Wahl fiel natürlich auf Samuel.

Samuels Kindheit

Er wurde als Sohn einer bescheidenen Familie in Ramatajim-Zofim im Gebirge Ephraim geboren und von den Priestern im Heiligtum von Silo erzogen. Sein Vater Elkana hatte die Gewohnheit, alljährlich eine Pilgerfahrt nach Silo zu unternehmen, wobei er von seinen zwei Frauen begleitet wurde – Peninna, die ihm viele Kinder geboren hatte, und Hanna, die bereits seit Jahren kinderlos war. Während der Reise wurde sie von Peninna ihrer Unfruchtbarkeit wegen verspottet. Schließlich ging Hanna ins Heiligtum und gelobte in einem stillen Gebet, falls ihr ein Sohn ge-

Der archäologisch interessante Hügel von Mizpa enthält Ruinen der alten Stadt. Hier stand Samuel zum erstenmal vor den versammelten Stämmen Israels und rüttelte sie mit lautem Ruf zu den Waffen, zur Einheit und zu neuem Glauben auf.

währt werde, «so will ich ihn dem *Herrn* weihen sein Leben lang» (1 Sam 1, 11). Der Priester Eli bemerkte die verzweifelte Frau und glaubte, sie sei betrunken. Als sie aber ihre Nöte erklärte, tröstete er sie und verstärkte in ihr die Hoffnung, daß ihre Bitte gewährt würde. Nach gebührender Zeit wurde Samuel geboren. Als er entwöhnt war, brachte ihn seine Mutter nach Silo, «und der Knabe diente dem *Herrn* unter Aufsicht Elis, des Priesters» (1 Sam 2, 11).

Die Tragödie Elis waren seine beiden Söhne Hofni und Pinehas. Auch sie waren Priester. In der Ausübung ihrer Pflichten waren sie korrupt, ihr Benehmen war ruchlos. Wahrscheinlich deswegen hatte Eli dem Kinde, das so unerwartet in sein Leben trat, eine so besondere Liebe und Erziehung zukommen lassen. Unter Elis Vormundschaft «wuchs der junge Samuel immer mehr heran und wurde beliebt bei Gott und den Menschen» (1 Sam 2, 26). Während dieser Zeit hörte Samuel auch direkt die Stimme Gottes, «denn der *Herr* offenbarte sich Samuel zu Silo durch sein Wort» (1 Sam 3, 21).

Weil Samuel im Bezirk des zentralen Heiligtums und als Elis Mündel lebte, war er von Kindheit an all den Leuten eine vertraute Figur, die nach Silo zu den Wallfahrtsfeierlichkeiten kamen. Das gilt besonders für die Stammesältesten. Denn diese erwiesen Eli ihre

… denn er offenbarte sich Samuel zu Silo durch sein Wort

(1 Samuel 3, 21)

Man glaubt, daß dies Überreste einer alten Synagoge sind, die bei archäologischen Grabungen in Silo zutage kamen. Hier hatten die Philister die Bundeslade aufbewahrt. Samuel wurde als Kind in das Heiligtum dieser so bedeutungsvollen Lade gebracht und wuchs da als Mündel des Priesters Eli auf.

Ehrerbietung und interessierten sich in freundlicher Weise für den Jungen an seiner Seite. Als er heranwuchs, teilten sie Elis Stolz über die Fortschritte, die er machte. Sie waren vom frappanten Unterschied seiner Lernfähigkeit, Integrität und seines Auftretens gegenüber den beiden mißratenen Söhnen Elis überrascht. Samuel war zu einem beeindruckenden jungen Mann herangewachsen. Die Stammesführer hatten sich dessen erinnert, als sie sich in kritischen Notlagen befanden.

Die Bedrohung durch die Philister

Seit Josuas Zeiten waren die israelitischen Stämme keinem so schwerwiegenden und umfangreichen militärischen Problem gegenübergestanden. Zwar hatten sie sich an die Angriffe gewöhnt. Während der ganzen Zeit der Besiedlung in den letzten anderthalb Jahrhunderten waren sie eigentlich nie frei von räuberischen Einfällen und Überfällen gewesen. All dies bedeutete aber nur eine begrenzte Bedrohung, mit welcher ein einzelner Stamm fertig werden konnte. Bestand Gefahr für alle, war es gewöhnlich eine einmalige Gefahr, die durch einen entscheidenden Schlag der gesamten Stämme unter der jeweiligen

Israel aber zog gegen die Philister in den Krieg *(1 Samuel 4, 1)*

Die in sich geschlossenen Philister siedelten in der Ebene am Meer und stellten für die israelitischen Stämme im Landesinnern eine ständig drohende Gefahr dar.

Führerschaft der Richter gebändigt werden konnte. Diesmal jedoch – und zum ersten Male – konnte die Lage nicht durch einen einzelnen Sieg gerettet werden. Sie befanden sich unter der Bedrohung eines mächtigen Volkes, dessen klares und absolutes Ziel Eroberung war. Die nackte Existenz stand auf dem Spiel: Leben, Land, Religion, Identität. Diesem neuen Feindtyp mit seinen unheildrohenden Maßnahmen war eine lose Organisation autonomer Stämme nicht gewachsen. Ein weiterer Richter war auch nicht die Lösung, wenn er wie seine Vorgänger ohne Macht und ohne Hilfsmittel handeln sollte. Die Israeliten bedurften eines Führers mit offiziellen Machtbefugnissen, der die Stämme zwingen konnte, als geschlossene Einheit zu handeln. Er hätte die einzelnen Milizeinheiten zu einer nationalen Armee zu formen und müßte sowohl die Gesamtstrategie planen als auch die militärische Taktik bestimmen. Nur mit einer solchen zentralen Organisation und Führerschaft wären die Israeliten fähig, den ehrgeizigen und kraftvollen Philistern mit Aussicht auf Sieg entgegenzutreten. Es galt auch, diese Bedingung in den Anfangsphasen des Krieges zu erfüllen, um wenigstens sich selbst zu behaupten. Doch sollten sie noch durch eine lange und dunkle Zeit gehen, bis ihnen dies alles klar wurde, gerade noch früh genug, um richtig zu handeln. Das

Nach Gat werde die Lade des Gottes Israels gebracht *(1 Samuel 5, 8)*

Ereignis, durch welches sie die Wirklichkeit zu erkennen begannen, war die Niederlage bei Afek am Rande der Küstenebene.

Die Philister gingen aus der ersten Phase der Schlacht als Sieger hervor. In ihrer Niedergeschlagenheit sandten die Stammesältesten eine Botschaft nach Silo, um die Bundeslade zum Schlachtfeld bringen zu lassen. Hofni und Pinehas kamen mit ihr an. Die Gegenwart der Lade wirkte Wunder auf die Moral der israelitischen Truppen. Ihre jubelnden Freudenrufe wurden im Lager der Philister gehört und ließen Schlimmes befürchten. Doch die Führung der Philister war gut. Ihre Offiziere richteten die Krieger mit feurigen «Seid-doch-nicht-so-erschrocken»-Ansprachen wieder auf und beschworen sie, «seid stark und mannhaft, Philister» (1 Sam 4, 9). Nun hatten die Israeliten zwar die Bundeslade, aber keine Führung. In der darauffolgenden Schlacht wurden sie vernichtend geschlagen. Elis Söhne waren unter der großen Zahl der Gefallenen. Die Bundeslade fiel in die Hand der Feinde. Ein winziger Trost für die Israeliten war, daß der Besitz der Lade sich auf die Philister als eine nicht endende Qual auswirkte. Zwar brachten sie das fremde Heiligtum fröhlich nach dem Dagontempel in Aschdod – und schon stürzte ihr eigenes Idol in sich zusammen. Als auf dieses Ereignis die Philister auch noch mit Geschwüren befallen wurden, verlangten sie verzweifelt, die Lade müsse entfernt werden. Sie wurde nach Gat getragen, aber die Epidemie folgte, und die Lade kam weiter nach Ekron. Schließlich entschieden die weisen Führer der Philister, daß sie nach Kirjat-Jearim verbracht werden solle – auf den Berg über dem heutigen Abu Gosch, ein paar Kilometer westlich von Jerusalem und damals ein Grenzdorf. Zwanzig Jahre lang lag sie dort vernachlässigt.

Die Philister hatten bei Afek nicht nur die Lade erobert. Jetzt besetzten sie Enklaven innerhalb israelitischen Gebietes im zentralen Bergland; sie hielten einen großen Teil des Jesreel-Tals sowie Teile des nördlichen Negev, und sie richteten Garnisonen in den Schlüsselzentren ein (wie in 1 Sam 10, 5 und 13, 3 berichtet wird). Sie eroberten auch Silo und zerstörten das Heiligtum, in welchem die Bundeslade aufbewahrt worden war. (Wir wissen dies aus den Ergebnissen archäologischer Ausgrabungen, die an Ort und Stelle durchgeführt wurden, obwohl es keinen spezifischen Bericht im Buche Samuel gibt. Aber einen Hinweis dazu findet man in Jeremia 7, 12 und 26, 2.)

Die Israeliten befanden sich in großer Verwirrung. Ihr zentrales Heiligtum war verloren und mit ihm die «Hauptstadt» des Stämmebundes und Treffpunkt ihrer Ältesten. Der Priester von Silo, Eli, brach tot zu-

sammen, als er die Nachricht vom Verlust der Lade und vom Tod seiner beiden Söhne erhielt. Die Streitkräfte der Stämme waren aufgerieben. Die Überlebenden des Afek-Debakels hatten sich nach Hause durchgeschlagen. Und in Gefahr waren sie weiterhin, denn das Selbstvertrauen der Philister war nach diesen Erfolgen gesteigert. Sie schienen entschlossen, den Vorteil auszunutzen und ihre Eroberungsziele weiterzuverfolgen. Die Israeliten waren verzweifelt.

In dieser bitteren Situation tauchte der Prophet Samuel auf, um sie in Mizpa zu versammeln. Sein wirkungsvoller Appell hob sie aus ihrer Verzweiflung heraus und führte sie zu konstruktiven Handlungen. Die Israeliten durften sich eine Zeitlang relativer Ruhe erfreuen, nachdem sie einen Angriff der Philister kräftig abgeschlagen und sie aus dem Gebiet verjagt hatten. Samuel war ihr unmittelbarer Führer. Da Silo zerstört war, zog Samuel nach Rama, etwa zehn Kilometer nördlich von Jerusalem. «...dort sprach er Israel Recht» (1 Sam 7, 17). «Er zog Jahr um Jahr umher und machte die Runde über Bethel, Gilgal und Mizpa und sprach Israel Recht an allen diesen Stätten» (1 Sam 7, 16). Nun gab es kein Silo mehr, kein zentrales Heiligtum und kein Stammeszentrum. Deshalb machte es sich Samuel zur Aufgabe, im Lande umherzureisen und die Stämme aufzusuchen und Recht zu sprechen. Darüber hinaus ermutigte er die Leute und stärkte ihr Vertrauen zu Gott – und zu sich selbst. Gleichzeitig überprüfte er die politische und militärische Lage und diskutierte mit den Stammesältesten die anzuwendende Taktik. Als ein Ergebnis solcher Besuche fanden wahrscheinlich bewaffnete Raubzüge einzelner Stämme gegen die Philister-Enklaven statt.

Sicher ist, daß während dieser düsteren israelitischen Zeit Samuel die zündende Kraft war und daß der Geist des bewaffneten Widerstandes dauernd aufrechterhalten wurde. Dank Samuel spielte die Zusammenarbeit zwischen den Stämmen besser als je zuvor. Doch waren der politische Rahmen und das Verwaltungsschema noch dieselben. Die weltliche Macht blieb auf die Stammesführer begrenzt und wurde in patriarchalischer Weise ausgeübt. Samuel erfreute sich keiner formalen Macht. Er konnte nur durch seine Überzeugungskraft führen. Alle Stämme achteten ihn sehr als Instrument des *Herrn.*

Das wäre ausreichend gewesen, wenn die Israeliten nur auf der Stelle hätten treten müssen, um zu überleben. Aber die Bedrohung durch die Philister wurde von Mal zu Mal stärker. Die fünf hauptsächlichen Philister-Königreiche Gaza, Aschdod, Gat, Askalon und Ekron hatten mit bemerkenswertem Erfolg gezeigt, daß sie gemeinsam handeln und eine geeinte Streitmacht ins Feld führen konnten. Sie hatten eine starke, auf dem Kampfwagen beruhende militärische Organisation herangebildet; die Begleitinfanterie war mit Eisenwaffen aus eigener Fertigung ausgerüstet, welche denen des israelitischen Rüstungsarsenals bei weitem überlegen waren. Die Philister achteten darauf, ihr Geheimnis und Monopol zu bewahren: «Im ganzen Lande Israel fand sich damals kein Schmied; denn die Philister sagten sich, die Hebräer könnten sich sonst Schwerter oder Lanzen machen.» Also «fand sich im Kriegsfalle kein Schwert und keine Lanze bei den Kriegern vor...» (1 Sam 13, 19.22).

«Gib uns einen König»

Noch hielten die Philister viel, wenn nicht sogar alles, von dem israelitischen Gebiet besetzt, das sie kurz vor Samuels Auftreten erobert und besetzt hatten. Samuel hatte dann aber gute Arbeit geleistet, indem er dem Verfall Einhalt gebot, weiteres Eindringen verhinderte und selbst zu gelegentlichen Überfällen ermutigte. Angesichts der wachsenden Macht der Philister war es jedoch unsicher, ob sie den Besitzstand halten konnten. Dem Feind gar einen entscheidenden Schlag austeilen, der die Stammesgebiete hätte befreien können, war außerhalb der Möglichkeiten einer zersplitterten Gemeinde. Um dies zu erreichen, hätten die Israeliten eine formelle zentrale Führung und eine engere Stammeseintracht anstreben müssen. Bestimmt hatte Samuel die Stammesältesten in diesem Sinne überzeugen können, aber er hätte sich niemals vorgestellt, daß seine Vorschläge jemals Gestalt annehmen würden.

Als die Stammesältesten nach langen internen Diskussionen zum Schluß kamen, daß die gegen sie auftretenden Druckmittel dringliches Handeln erforderten, weil kein einzelner israelitischer Stamm den Philistern erfolgreich die Stirne bieten konnte, kamen sie einmütig nach Rama. Sie suchten den großen Samuel auf und sagten ihm: «Gib uns einen König, der uns regieren soll!» (1 Sam 8, 6). Samuel war wütend, insbesondere weil sie hinzufügten, sie wollten von einem König regiert werden «wie alle Nationen». Israel war nämlich nicht wie die andern Nationen dieser Zeit, mit Götzenbildern und Königen aus Fleisch und Blut. Die Idee einer Monarchie war der israelitischen Tradition völlig fremd, denn der König der Hebräer war der *Herr* selbst, der seine Führung durch die Propheten oder die Richter ausübte. Weshalb also noch eine Körperschaft zwischen Gottes Propheten und dem

55

Seitdem die Lade in Kirjat-Jearim ihren Standort fand, war eine lange Zeit verstrichen; es waren 20 Jahre *(1 Samuel 7, 2)*

Die Philister verbrachten die Bundeslade schließlich nach Kirjat-Jearim (heute: Abu Gosch), nachdem diese Siegestrophäe ihnen unendliche Leiden zugefügt hatte. Zwanzig Jahre später holte David die Bundeslade nach Jerusalem.

Volke einführen? Sicher freute sich Samuel darüber, daß die Ältesten sich endlich dazu durchgerungen hatten, die Notwendigkeit der Stammeseinheit einzusehen. Aber er wird auch darüber nachgedacht haben, warum sie noch einen über den Stämmen stehenden Führer forderten. Sie hatten doch ihn selbst, ihren göttlichen Propheten und Wegweiser. Die im menschlichen Verhalten erfahrenen Ältesten nahmen diese seine unausgesprochenen Gedanken vorweg. «Siehe», sagten sie zu ihm, «du bist alt und deine Söhne wandeln nicht auf deinen Wegen» (1 Sam 8, 5). Keines seiner Kinder hatte das menschliche Format, ihm nachzufolgen. Wer würde die Israeliten anführen, wenn Samuel stürbe? Besser ist doch, jemanden zu wählen, während der bereits alte Samuel noch lebte und dem neuen Mann seinen Segen und Rat geben konnte. Sie wollten einen jungen Mann. Vor allem aber wollten sie einen Kampfkommandanten. Samuel suchte göttlichen Rat, und Gott sagte ihm zuzustimmen.

Der auserwählte Mann war Saul, der Sohn von Kisch aus Gibeon. Er war «auserlesen und schön ... Von den Schultern an überragte er das ganze Volk» (1 Sam 9, 2). Er gehörte zum Stamme Benjamin, dessen Gebiet in der Nähe der Philistergefahr und in der Mitte des Landes lag. Diese Faktoren könnten die Wahl eines Benjaminiter gefördert haben. Außerdem war Benjamin einer der kleinsten Stämme. Die daraus erwachsende Ehre würde auch weniger Eifersucht hervorrufen. Zweifellos war in den Augen der Ältesten dieser Zeit Sauls entscheidende Begabung, daß er ein erstklassiger Soldat war. Er hatte nämlich gerade den Ammonitern bei Jabesch-Gilead, jenseits des Jordans, eine vernichtende Niederlage bereitet, wobei seine glänzende und charismatische Führerschaft zum Ausdruck kam. Gemäß dem biblischen Bericht über diese Schlacht (1 Sam 11) offenbarte Saul ähnlich wie Gideon Eigenschaften, welche ihn in einer früheren Generation als eigentlichen Richter qualifiziert hätten.

Die Bibel gibt zwei unterschiedliche Berichte über die Königsweihe (1 Sam 8–12). Der eine zeigt die hübsche Geschichte der privaten Ölung durch Samuel in Rama und die darauf folgende Bestätigung durch öffentliche Zustimmung in Gilgal nach dem Siege über die Ammoniter. Dieser Bericht ist gegenüber der Monarchie unkritisch. Der zweite beschreibt seine von einem protestierenden Samuel ausgeführte Wahl durch das Los sowie die Bestätigung durch öffentliche Zustimmung in Mizpa. Sie ist ausgesprochen antimonarchistisch. Aus großen Teilen des Textes und auch aus dem späteren Verhältnis zwischen dem Propheten

Alte Gewichte aus der israelitischen Zeit. Die verschiedenen Werte sind in hebräischen Bezeichnungen angegeben; sie basieren auf dem Gewicht Schekel, das etwa 11 Gramm entspricht. Die mit dem hebräischen «Pym» markierte Einheit war zum Beispiel zwei Drittel eines Schekelgewichtes, also etwas mehr als 7 Gramm.

«Morgen um diese Zeit sende ich zu dir einen Mann aus dem Lande Benjamin; salbe ihn zum Fürsten über mein Volk Israel!» (1 Samuel 9, 16)

Das Gebiet des Stammes Benjamin, im Zentrum des Landes, war zur Zeit Samuels gefährlich nahe bei den Philistern. Saul, ein Mitglied dieses Stammes, wurde zum ersten König Israels gewählt.

und dem König geht hervor, daß Samuel bis zu seinem Tode ein heftiger Gegner des Königtums war. Da die Stammesführer aber darauf bestanden, daß nur ein König sie aus ihrer verzweifelten Lage retten könne, gab er nach. Übrigens stellen beide Versionen Samuel in der Schlüsselrolle des zwar sehr widerstrebenden «Königmachers» dar, der Saul nur wählte, weil er dazu getrieben wurde.

Während der harten Verhandlungen, die der königlichen Berufung vorausgingen, erklärte Samuel seine Ansichten über das Königtum. Bis heute bleibt dies eine gegen die Monarchie gerichtete klassische Darstellung:

«Dies ist der Rechtsanspruch des Königs, der über euch herrschen wird: Er wird eure Söhne nehmen und sie an einen Wagen und an seine Pferde stellen. Er wird für sich Vögte einsetzen und einige, um sein Ackerfeld zu pflügen, seine Ernte einheimsen, seine Kriegswaffen... anfertigen lassen. Eure Töchter wird er zur Salbenbereitung, zum Kochen und Backen heranziehen. Eure schönsten Felder, Weinberge und Ölbäume wird er nehmen und wird sie seinen Dienern geben. Von euren Saaten und Weinbergen wird er den Zehnten erheben und seine Hofbeamten und Angestellten auszahlen. Eure Knechte und Mägde, eure tüchtigsten Jungmänner sowie eure Esel wird er neh-

Ein bei Megiddo gefundener Elfenbein-Stoßzahn aus der Mitte des 1. Jahrhunderts v. Chr.; im Umriß ähnlich den hornförmigen Ölgefäßen, wie sie bei der Salbungszeremonie der alten Könige benutzt wurden.

men und in seine Dienste stellen. Euer Kleinvieh wird er verzehnten, und ihr selbst werdet seine Knechte sein» (1 Sam 8, 10–17).

Aber das Volk ließ sich nicht davon beeindrucken. Zwar waren dies ernste und weise Worte, aber sie enthielten keine Antwort auf die unmittelbare Bedrohung durch die Philister. Sie wollten einen König, der «vor uns ausrücken und unsere Kriege führen» soll (1 Sam 8, 20).

Saul, der Soldatenkönig

Saul war genau der Mann dafür, und er verbrachte den Rest seines Lebens im Krieg. Daß er ein König war, änderte wenig am Verwaltungsschema der israelitischen Gesellschaft, ausgenommen dort, wo es von Verteidigungsmaßnahmen überschnitten wurde. Die normalen alltäglichen Angelegenheiten der Stämme wurden wie zuvor von den Stammesführern wahrgenommen. Saul war natürlich in dauerndem Kontakt mit ihnen, aber er richtete keine Zentralregierung ein. Im Gegensatz zu den benachbarten Monarchen baute er keine prunkvollen Paläste, residierte über keinen Hofstaat und wandte sich gegen luxuriöse Lebensart. (Bei archäologischen Ausgrabungen kamen Beweis-

Da nahm Samuel das Ölhorn und salbte ihn ... (1 Samuel 16, 13)

mittel ans Licht, die zeigten, daß das Gibea seiner Tage – sein heimatlicher Stützpunkt – nur einfachste Strukturen aufwies.)

Saul beschäftigte sich nur mit Kriegführung, um die Sicherheit Israels gegen die Bedrohungen und die Anstürme der Philister aufrechtzuerhalten. Er baute die militärische Struktur der Stammesgemeinschaft wieder auf, um den neuen und stetig andauernden Herausforderungen zu begegnen. Er stellte als erster den Kern eines stehenden Heeres auf. Die einzelnen Stammesmilizen wurden in Reserve gehalten und konnten in ihren zivilen Arbeitsplätzen verbleiben, um bei einem nationalen Notstand sofort aufgerufen zu werden. (Ungefähr so ist das Prinzip, das von den heutigen israelischen Streitkräften angewendet wird. Eine verhältnismäßig kleine stehende Streitmacht zusammen mit den dienstpflichtigen jungen Männern und Frauen ist gerüstet, während der Großteil der dienstfähigen Bevölkerung ihrer üblichen Beschäftigung nachgeht, aber schnell mobilisiert werden kann, sobald das Land bedroht wird.)

Sauls stehendes Heer sollte mit kleineren Überfällen fertig werden und die Stellung bei größeren Angriffen halten können, bis die Stammesaufgebote mobilisiert waren. Diese dienten dann als Einheiten der vollmobilisierten Streitkräfte und stellten die Speerspitze der Hauptangriffe dar. Die Verantwortung zur Versorgung der Truppen im Felde lag bei ihren eigenen Sippen und Stämmen.

In der biblischen Vorrede zum Duell zwischen David und Goliath, als die Stammesaufgebote im Feld gegen die Philister standen, lesen wir, daß «Isai zu seinem Sohne sprach: ‹Nimm doch für deine Brüder ein Epha von diesem gerösteten Korn und diese zehn Brote und bringe sie eiligst ins Lager zu deinen Brüdern! Diese zehn Käse bring dem Hauptmann!›» (1 Sam 17, 17–18). Dies war auch vor Saul schon Brauch. Das vorletzte Kapitel in Richter nimmt Bezug darauf, als die Israeliten sich anschickten, eine gewisse Stadt anzugreifen. Sie sagten: «Das ist es, was wir Gibea jetzt antun werden: Wir lassen das Los sprechen! Wir nehmen 10 Mann von 100 aus allen Stämmen Israels und 100 von 1000 und 1000 von 10 000, um Verpflegung zu holen für die Leute...» (Ri 20, 9–10).

Yigael Yadin erklärt, daß Saul taktisch die Struktur der aus drei Einheiten bestehenden Formation benutzte und Nachtmärsche durchführte, um Überraschungsangriffe in der Morgendämmerung durchführen zu können. Diese Taktik kann gut aus dem biblischen Bericht über Sauls Schlacht gegen Ammon in Jabesch-Gilead erkannt werden: «Am Morgen teilte

Die Boten kamen nach dem Gibea Sauls *(1 Samuel 11, 4)*

Tell el-Ful, an der Stelle des alten Gibea,
war der Wohnsitz des Königs Saul;
heute ein Vorort im Norden von Jerusalem.

Saul die Leute in drei Kompanien auf; sie kamen in des Lagers Mitte und machten die Ammoniter bis zu des Tages Hitze nieder» – das bedeutet also von Tagesanbruch bis Mittag. Yadin schreibt, daß Sauls Aufteilung der Streitkräfte in drei Gruppen «die dienlichste Formation war, um Manöver in verschiedenen Situationen ausführen zu können. Eine Kompanie in fester Stellung, mit je einer Kompanie auf jeder Seite; zwei Kompanien in fester Stellung und eine an einer Flanke, oder zwei Kompanien im Kampf und eine in Reserve.» Genauso war die Taktik seiner Streitkräfte in seinen späteren Schlachten gegen die Philister. Im Zusammenhang mit einer Schlacht, in der Saul nur seine regulären Streitkräfte einsetzte, ohne seine Hauptreserven der Stammesaufgebote zu benötigen, berichtet die Bibel: «Da erwählte Saul 3000 Israeliten. 2000 davon waren mit Saul... und 1000 waren mit Jonatan... Den Rest des Kriegsvolkes hatte er entlassen, einen jeden in sein Zelt» (1 Sam 13, 2).

Saul überwältigte die Philister nicht, noch zerstörte er ihre Fähigkeit, Krieg zu führen. Aber er erfüllte seinen Kampfauftrag, für den er ja zum König gemacht worden war, indem er die Philister aus dem zentralen Hochland zurück in die Küstenebenen vertrieb und dabei viel israelitisches Gebiet befreite. Über einen längeren Zeitraum kam es mit dem Feind nur in den

Grenzgebieten am Rande der Ebene zu Kampfhandlungen. In den Anfangsjahren seiner Regierung hatte er also viel getan, um die Bedrohung der Philister zu neutralisieren.

Sein wichtigster Sieg seit dem Amtsantritt war bei Michmas. Das Gefecht verlief zuerst ungünstig, aber das Glück wendete sich nach einer mit bemerkenswerter Tapferkeit verbundenen Tat von Sauls Sohn Jonatan, wie es im Buch Samuel (1 Sam 14) geschrieben steht. Von Michmas aus konnte ein bedeutender Paß im zentralen Hochland kontrolliert werden, einige Kilometer nordöstlich von Gibea, wo Saul die befestigte strategische Basis hatte. Vielleicht war dort das Schlüsselzentrum des israelitischen Gebietes, das die Philister zuvor erobert hatten und weiterhin besetzten. Sollten die Stammesgebiete wiedergewonnen werden, mußte dieses Zentrum befreit werden. Saul mobilisierte seine Streitkräfte und engagierte den Feind am Paß von Michmas, nachdem er einige Überfälle auf nahe gelegene Garnisonen ausgeführt hatte, bei denen Jonatan eine Führungsrolle spielte. Die Philister wurden ausgemerzt. Die Israeliten gewannen nicht nur eine Atempause, sondern eine neue Frist mit Hoffnung für die Zukunft.

Sie stehen zusammen mit Saul und allen Männern Israels im Eichengrunde und kämpfen gegen die Philister *(1 Samuel 17, 19)*

Im Elah-Tal führte David seinen Zweikampf mit dem Riesen Goliath, während die feindlichen Heere der Israeliten und Philister auf der andern Seite des Hügels einander gegenüberstanden.

Des Propheten Zorn

Obwohl Saul sich bewährte, hatte er es während seiner ganzen Regentschaft nicht leicht. Anfangs spürte er den Unwillen des Propheten, in den späteren Jahren die Rivalität des populären jungen David. Die Anerkennung seiner Verdienste in der biblischen Darstellung zwängt ihn zwischen die Großartigkeit dieser zwei Männer. Dennoch geht Saul als eine talentierte, berufene und der Aufgabe gewachsene Figur hervor. Er ist der ideale Anführer unter den zeitbedingten Umständen.

Samuels Erhabenheit war nach wie vor groß. Seine geistliche Autorität wurde selbst von Saul anerkannt. Noch war er der Führer und Lehrer seines Volkes, noch war er Gottes Mann, noch war bei ihm das öffentliche Gewissen verwahrt, indem er immer versuchte, das Volk auf den Weg der Gerechtigkeit zu geleiten. Mit der Monarchie aber hatte er sich trotz der zögernden Zustimmung des *Herrn* nie ausgesöhnt. Er betrachtete sie noch immer als eine Gotteslästerung. Er zürnte dem Volke und den Stammesältesten, weil sie diese forderten. Seine Wut richtete sich jedoch zumeist gegen Saul, wenngleich Saul diese Stellung nicht gesucht hatte und von Samuel sogar gesalbt worden war. Samuels Bitterkeit zeigte sich nach Sauls

Erfolgen noch deutlicher, so daß man sich des Eindrucks nicht erwehren kann, es handle sich um den Groll des gealterten Ex-Führers gegen seinen jungen und siegreichen Nachfolger.

Saul selber sah in sich jedoch mehr den Jünger als den Nachfolger Samuels. Saul war keine Marionette. Im militärischen Bereich war jeder Zoll an ihm der Kommandeur. Allerdings achtete er darauf, sich mit Samuel vor jedem ernsten Gefecht zu beraten und seinen überkritischen Mentor, der zudem immer tadelsüchtiger wurde, mit Respekt anzuhören. Als Saul bei einer Gelegenheit im Begriff war, die Philister anzugreifen, erschien Samuel nicht zur vereinbarten Zeit, um die rituellen Opfer darzubringen. Da jede weitere Verzögerung gefährlich geworden wäre, brachte Saul sie selber dar. Samuel tauchte kurze Zeit später auf und war so wütend, daß er Saul schroff verkündete: «Nun aber kann dein Königtum nicht bestehen. Der *Herr* hat sich einen Mann ausgesucht, der seinem Herzen genehm ist» (1 Sam 13, 14). Dieser sollte an die Stelle Sauls treten. Es spricht für Saul, daß er trotz dieses betäubenden Schlages gegen sein Selbstvertrauen weitermachte und die Schlacht gegen die Philister gewann.

Der endgültige Bruch mit dem König kam nach Sauls Sieg über die Amalekiter. Sie waren in den nördlichen

… die Philister … fanden Saul …, der auf dem Gebirge Gilboa gefallen war …, seinen Leichnam aber hängten sie an der Mauer von Bet-Schean auf (1 Samuel 31, 8–10)

Der archäologische Hügel im Hintergrund enthält die Ruinen von Bet-Schean. Auf den Stadtmauern von Bet-Schean stellten die Philister die Leichname von König Saul und dessen Söhnen zur Schau, nachdem die Israeliten die Schlacht auf dem Berg Gilboa verloren hatten.

Negev eingefallen. Saul hatte inzwischen genügend Stabilität im Zentralgebiet hergestellt. Dies ermöglichte ihm, eine beträchtliche Streitmacht zu mobilisieren und nach Süden zu eilen, um den Angreifern einen vernichtenden Schlag zu versetzen. Samuel hatte ihm die göttliche Anweisung übermittelt, alle Feinde auszulöschen und keine Beute zu machen. Saul verschonte jedoch den feindlichen König Agag, nahm ihn gefangen, während seine Männer die besten Rinder- und Schafherden zurückbrachten. Samuel erhob öffentlich bittere Anklage gegen Saul, weil er des *Herrn* Anweisungen mißachtet habe, ließ Agag zu sich bringen und tötete ihn eigenhändig. Er rief dabei aus: «Wie dein Schwert Frauen kinderlos machte, so soll auch unter den Frauen deine Mutter kinderlos werden!» (1 Sam 15, 33). Dann verließ er Saul formlos und ging nach Rama. Die beiden trafen sich nie wieder. Samuel war nicht ohne Mitgefühl, denn die Bibel fügt hinzu: «Aber Samuel grämte sich sehr wegen Saul.» Kurze Zeit später wurde er vom *Herrn* angewiesen, nach Bethlehem zu reisen und den jungen Burschen David als zukünftigen König zu salben. Vordergründig schien es, daß Samuels Haltung gegenüber Saul von Eifersucht geprägt war. Es gab aber auch einen tieferen, unpersönlichen Grund: Der König symbolisierte die neue weltliche Ordnung, die an die Stelle der alten trat (eine Frühform des Kirche-gegen-Staat-Konfliktes). Man befürchtete, der König könnte sich auch priesterliche Autorität anmaßen. Die beiden bedeutendsten Zornesausbrüche des Propheten ereigneten sich, als Saul das rituelle Opfer vor der Schlacht vornahm, und später, als er die religiösen Befehle im Zusammenhang mit den Amalekitern mißachtete. Samuel glaubte, daß dadurch der Kern der israelitischen Gesellschaftsordnung bedroht war, nämlich ihr Glaube. Es folgte dann die öffentliche Anklage, daß Saul sich nicht mehr der göttlichen Billigung erfreue.

Die Folgen für Saul waren tragisch. Er schien ziellos zu handeln, nachdem die unterstützende Hilfe Samuels wegfiel. Auch wurde ihm bewußt, wie sich sein Streit mit Samuel auf die Stammesältesten auswirkte. Doch die Philistergefahr war noch immer sehr groß, sie drückte auf Sauls Verantwortungsbewußtsein. Früher war er dieser Gefahr mit Mut und großer Zuversicht begegnet. Jetzt aber wurde er von Zweifeln heimgesucht. Sogar wenn er Erfolg hatte, fiel der Ruhm einem andern zu, was sein Selbstvertrauen und seine Urteilsfähigkeit beeinträchtigte. Bei seinem nächsten großen Sieg zum Beispiel galt der Beifall dem Vorspiel mit Goliath, und dem jungen David fiel der Ruhm des Schlachtfeldes zu. Der biblische Be-richt zeigt dann, daß Saul für die Jagd auf David beinahe soviel Zeit aufwendete wie für die Verfolgung der Philister.

Auch Samuels Tod befreite Saul nicht von seinen Gewissensbissen. Während der letzten Tage seiner Regierung stellten die Philister eine große Armee auf und rückten in das Jesreel-Tal ein. Saul mobilisierte das ganze Israel und bezog Stellung gegenüber auf dem Berge Gilboa. Aber er hatte den Mut verloren. In seiner Verzweiflung verließ er eines Nachts in Verkleidung das Lager und suchte ein bekanntes Medium im Marktflecken Endor auf. Er trug der Frau auf, den Geist Samuels zu rufen, und Saul hörte dann die vertraute schroffe, mitleidlose und Antwort heischende Stimme des Propheten. «Warum hast du mich aus meiner Ruhe gestört und mich heraufkommen lassen?» (1 Sam 28, 15). Saul sagte, daß er durch die Philister in großer Bedrängnis sei und «Gott wich von mir; er gibt mir keine Antwort mehr». Samuels Stimme bestätigte, daß Gott ihn tatsächlich wegen seines religiösen Ungehorsams verstoßen habe, und fügte die Voraussage hinzu, die Israeliten würden geschlagen und Saul und seine drei Söhne in der Schlacht am nächsten Tage fallen. Hierauf war der bereits trostlose Saul völlig verzweifelt; kaum die richtige Stimmung für einen Feldherrn, der sich an-

Der Geist des Herrn ward in David wirksam *(1 Samuel 16, 13)*

schickt, in den Kampf zu ziehen. Seine Armee wurde tatsächlich geschlagen. Er jedoch starb würdevoll. Seine drei Söhne einschließlich Jonatans wurden getötet. Er selbst wurde von einem feindlichen Bogenschützen verwundet. Darauf befahl er seinem Waffenträger, ihn zu töten. Als dieser sich weigerte, «nahm Saul selbst sein Schwert und stürzte sich hinein» (1 Sam 31, 4).

Die Entscheidungsschlacht am Berge Gilboa hätte zum Wendepunkt im Schicksal beider Völker werden können; wäre nicht der von Samuel gesalbte junge Mann David aus dem Stamme Juda gewesen, wären die Israeliten in die Tiefe gestürzt und die Philister zu ihrem Gipfelpunkt aufgestiegen. David hatte bei dieser unabwendbaren Schlacht noch nicht mitgekämpft. Er hatte seine eigenen Elitestreitkräfte aufgebaut und hatte schon seit dem Tage, an dem er Goliath gegenüberstand, beträchtliche Erfahrungen in Kampf und Diplomatie gesammelt. Dieser populäre militärische Held wurde nach wenigen Jahren zum bevorzugten Führer aller Israeliten. Er war hart, und zugleich poetisch; seiner Aufgabe ergeben, stand er mit beiden Beinen auf der Erde. Einige seiner Schwächen waren ebenso außergewöhnlich wie seine Tugenden. Von Gott auserwählt und von Samuel gesegnet, hatte er Charisma. Es gelang ihm, die Stämme so zu verschmelzen, wie sie es niemals seit Josuas Zeiten gewesen waren. Sie beugten sich seiner übergeordneten militärischen und politischen Autorität. Er konnte dabei auf die Erfolge von Samuel und Saul sowie auf seine eigenen Fähigkeiten aufbauen. Er trug den Kampf auf das Gebiet der Philister hinüber und zerschmetterte deren offensive Kampfkraft. Er vereinte Israel und machte es sicher und stark.

4 Die ungestümen Seher

Nun kam das 9. Jahrhundert vor Christus; Israel war nicht mehr stark und nicht mehr sicher. Im vorangehenden Jahrhundert hatte die Nation außergewöhnliche Höhen erreicht. Jetzt aber schien alles zu zerfallen – die Nation, der Staat und die Religion. Wäre dies nicht von zwei gewaltigen Persönlichkeiten verhindert worden, hätte es möglicherweise einen allgemeinen Zusammenbruch gegeben. Es handelt sich um den großen Propheten Elia und seinen Jünger und Nachfolger Elisa. Man kann sagen, wie das 11. Jahrhundert vor Christus im Zeichen von Samuel und Saul und das 10. Jahrhundert im Zeichen von David und Salomo standen, so war das 9. Jahrhundert unter dem Stern von Elia und Elisa durch deren Einwirkung auf das nördliche Königreich.

Der erhabene David

König David hatte die jüdische Nation in ihrem eigenen Land gefestigt und ihre einzigartige Religion als das Zentrum jüdischen Lebens wieder hergestellt. Er hatte Jerusalem erobert, das als jebusitische Enklave die nördlichen von den südlichen Stämmen trennte, und proklamierte diese zentral gelegene Stadt zur politischen Hauptstadt, eine äußerst neuartige Einrich-

tung in der Regierung der Stämme. Als nächstes brachte er die Bundeslade von Kirjat-Jearim nach Jerusalem, wodurch das politische Zentrum auch zum religiösen Zentrum der Nation wurde. Er erwarb für sie ein Gelände auf dem höchsten Punkt dieser Bergstadt, nämlich auf dem traditionellen Berg Moria, welcher als «die Tenne des Jebusiters Arauna» bekannt war (2 Sam 24, 18). Er bestand darauf, den Bauplatz zu kaufen, obwohl ihm dieser als Geschenk angeboten worden war. Er errichtete darauf ein zeltförmiges Bauwerk, um die Lade unterzubringen und gleichzeitig ihre Verbindung zum Nomadenzelt zu betonen, das die Lade in der Wüste Sinai beherbergte. Die Einrichtung des Heiligtums in der Verwaltungshauptstadt half sehr, die Stämme an Jerusalem zu binden und ihre politische Einheit zu stärken.

David sicherte die Grenzen des vereinigten Israel durch eine geschickte Kombination von diplomatischer Bündnispolitik und einer Reihe erfolgreicher Feldzüge gegen die Philister und andere bedrohliche Nachbarn, die tributpflichtig gemacht wurden. Israel wurde unter seiner Regierung zum mächtigsten Staat im Gebiet zwischen Assyrien im Nordosten und Ägypten im Südwesten. Die Unterwerfung der Philister gab ihm Kontrolle über die Ebene an der Mittelmeerküste. Die Eroberung von Damaskus und weiter

nördlich gelegener Städte erweiterte die unter seiner
Herrschaft stehenden Gebiete bis hinauf zum Euphrat. Seine östlichen Grenzen verliefen jenseits des
Jordan, seine südlichen gaben ihm Zugang zum Roten Meer durch die Bucht von Elath.

Salomos Tempel

Sein Sohn und Nachfolger, König Salomo, erntete die
ganzen Vorteile dieser militärischen und politischen
Großtaten. Weil es keine außenpolitische Bedrohungen mehr gab, brauchten auch keine Schlachten mehr
geschlagen zu werden. Daher konnte er sich voll der
Aufrechterhaltung der militärischen und politischen
Errungenschaften seines Vaters und der Förderung
des materiellen Wohlergehens der Nation widmen. Er
baute eine ungeheure Streitmacht mit Kampfwagen
sowie stark befestigte strategische Zentren auf und errichtete Militärstützpunkte. An der diplomatischen
Front stärkte er die von seinem Vater ausgehandelten
Bündnisse, besonders mit Hiram von Tyrus als wich-
tigstem, und schmiedete neue. Dazu zählte die
freundliche Beziehung zu Ägypten, die er scharfsin-
nig durch seine Heirat mit der Tochter des Pharao förderte. (John Bright sagt: «Dies illustriert die relative

Bedeutung von Israel und den tiefen Stand, auf den Ägypten gesunken war. Die Pharaonen des Reiches gaben ihre Töchter nicht einmal den Königen von Babylon oder Mitannien!») Auf wirtschaftlichem Gebiet «baute Salomo eine Flotte von Schiffen» (1 Kön 9, 26), führte einen blühenden Seehandel und entwickelte die Kupferindustrie.

Aber sein größtes Werk, von der Einheit und Geschichte seines Volkes her gesehen, war der Bau des «Tempels für den *Herrn*» (1 Kön 6, 1) auf dem Gelände, auf dem sein Vater das Bundeszelt errichtet hatte. Obwohl es ein kostspieliges Gebäude war, entsprach das Innere doch der traditionellen Einfachheit, mit welcher die Hebräer ihren neuen Glauben in die Welt gesetzt und hochgebracht hatten. Es war die einzige zeitgenössische Religion, die weder eine materielle Gestalt noch ein Bild von Gott machte. Das Herz des Tempels war das «Orakel», ein düsteres Gemach, in dem die Bundeslade aufbewahrt war, die seit der Sinai-Zeit «vom Höchsten Wesen bewohnt» wurde. «In der Lade lagen nur die beiden steinernen Tafeln, die Moses am Horeb hineingelegt hatte, die Tafeln des Bundes, den der *Herr* mit den Söhnen Israels bei ihrem Auszug aus Ägypten geschlossen hatten» (1 Kön 8, 9). Nachdem die Lade während der Einweihung in die Dunkelheit des inneren Raumes gebracht worden war, geschah es; «während die Priester aus dem Heiligtum traten, erfüllte die Wolke das Haus des *Herrn*» (1 Kön 8, 10). Das Volk Israel war im Sonnenschein im äußeren Hofe versammelt. Es wandte sich dem düsteren, bildlosen Heiligtum zu und betete die göttliche Gegenwart an, während Salomo das Wesen des Einzigen Gottes verkündete. Durch seine Worte und die der späteren Propheten erhielten der Tempel und die Stadt Jerusalem, der Berg Zion, ihre einzigartige Heiligkeit. Sie wurden zur Gußform der jüdischen Religion und zur zentralen Inspiration der jüdischen Nation, die das Bauwerk des Tempels lange überlebte. Der Tempel wurde zerstört, aber durch all die Jahrhunderte des jüdischen Exils hindurch blieben die zentralen Werte des jüdischen Volkes bis auf unsere Tage erhalten.

Während der ersten achtzig Jahre des 10. Jahrhunderts vor Christus, welche die Regierungszeiten von David und Salomo umfaßten, kam Israel zu seiner größten Geschlossenheit und erreichte die Höhe seines Ruhmes. Jetzt waren die Stämme Israel zur Nation Israel geworden und waren im uneingeschränkten Besitz des Landes, das den Vätern versprochen worden war. Das von Moses in Bewegung gesetzte historische Unternehmen des Widerstandes, der Freiheit und der Unabhängigkeit war jetzt erfüllt. Die eta-

blierte Nation und der Glaube waren verschmolzen. Beide waren untrennbar mit Zion verbunden. Dieses Bindeglied im physischen und geistigen Sinne überdauerte die Zeiten und war 3000 Jahre später noch genauso lebendig, wie es damals war.

Das geteilte Königreich

Als Salomo 922 vor Christus starb, sah es aber nicht so aus, denn mit seinem Tode fiel alles auseinander. Zu dieser Zeit würde niemand vorausgesagt haben, daß die Juden als ein Volk mit einer spezifischen Identität und spezifischem Glauben überleben konnten. Der Zusammenbruch des vereinigten Königreiches hatte in nicht geringem Maße seine Ursache in Salomo selbst. So großartig er auch war, er hatte seine Schwächen. Den größten Mangel an Voraussicht und Verständnis machte er sichtbar mit seiner drastischen Steuerpolitik und der übermäßigen Forderung nach Zwangsarbeit für seine Bauvorhaben. Er selbst war zwar stark genug gewesen, unzufriedene Gruppen im Zaume zu halten; aber als er starb, brach das Königreich auseinander. Die nördlichen Stämme revoltierten, trennten sich ab und errichteten ihren eigenen Staat, welcher Israel genannt wurde. Jerusalem blieb

Denn der König hatte Tarsisschiffe auf dem Meer ... die brachten Gold, Silber, Elfenbein, Affen und Perlhühner (1 Könige 10, 22)

Die Insel Geziret Far'un im Golf von Elath. Salomos Ausgangspunkt zum Roten Meer.

Salomo ließ zum Frondienst ausheben, um ... Hazor, Megiddo und Geser zu bauen *(1 Könige 9, 15)*

Tor von Ahabs Zitadelle mitten in Hazor,
der durch Salomo wiederaufgebauten Stadt.
Das Tor wurde aus seinen ursprünglichen
Steinen, die bei kürzlichen archäologischen
Ausgrabungen gefunden wurden, neu errichtet.

die Hauptstadt eines Rumpfstaates, der Juda genannt wurde und die davidische Linie fortsetzte. An Stelle des früheren geeinten und ruhmvollen Königreiches waren zwei kleine, schwache und streitsüchtige Staaten getreten, die sich während der nächsten fünfzig Jahre zeitweise gegenseitig bekriegten. Dieser Bruderzwist ermunterte die feindlichen Nachbarn, aus dem israelitischen Reich, dessen Teile sie waren, auszubrechen und die unter David und Salomo auferlegt bekommene Tributpflicht zu verweigern. Mit Israel und Juda ging es politisch, wirtschaftlich und geistig abwärts. Die moralische Lockerung und der Trend zur Götzenverehrung waren im nördlichen Staate besonders ausgeprägt.

Erst unter der Regierungszeit von Omri (876–869 v. Chr.) begann die Wiederannäherung zwischen den beiden rivalisierenden Zweigen des israelitischen Volksstammes. Omri bestieg den Thron Israels während der letzten Lebensjahre des Königs von Juda. Übrigens war es Omris Beschluß, eine Hauptstadt in Israel zu errichten, die mit Jerusalem, der Hauptstadt von Juda, wetteifern konnte. Deswegen «kaufte er den Berg Samaria von Semer um zwei Talente Silber, versah den Berg mit Bauten und nannte die Stadt, die er erbaut hatte ... Samaria» (1 Kön 16, 24). (Etwa neun Jahrhunderte später erhielt sie von Herodes den Namen Sebaste.) Sie lag am Westhang des Berges Ephraim in der Nähe von Sichem (heute: Nablus) und beherrschte den wichtigsten Paß des Gebietes nach der 37 Kilometer entfernten Mittelmeerküste. Auf diesem begünstigten Gelände errichtete Ahab großartige Bauwerke, deren Überreste noch heute vorhanden sind.

Omri versuchte, die materiellen – wenn auch nicht die religiösen – Reichtümer seines Landes zu vermehren. Dazu brauchte er befriedete Grenzen. Wenn es ihm darüber hinaus gelänge, einen Nichtangriffspakt mit seinem südlichen Nachbarn Juda abzuschließen, würde dies die Gefahr eines Angriffes von seinem nördlichen Nachbarn Syrien verringern. Weder er noch Asa lebten jedoch lange genug, um ihre Friedensbemühungen zu Ende zu führen. Dies wurde von ihren Söhnen Ahab von Israel und Josaphat von Juda erreicht. Ahab bestieg um 869 vor Christus den Thron; Josaphat wurde 873 König. Trotz großer Unterschiede im Charakter und in den religiösen Ansichten wollten beide aus ihren persönlichen Gründen heraus die Feindseligkeiten beenden, und «Josaphat ... machte Frieden mit dem König von Israel» (1 Kön 22, 24).

Während der vierundzwanzig Jahre seiner Herrschaft über Juda zeigte es sich, daß Josaphat einen inspirie-

Diese Felsvorsprünge bewachten die
Kupferminen des Königs und wurden
«Pfeiler des Salomo» genannt.

renden Einfluß ausübte. Er war ein frommer König, der die Sache der Gerechtigkeit durch das ganze Land Juda förderte. Im krassen Gegensatz dazu war das Königreich Israel während der neunzehnjährigen Regierungszeit von Ahab voller Ungerechtigkeit, und das Heidentum wucherte üppig. Um seine Politik zu engeren wirtschaftlichen und politischen Bindungen mit den Phöniziern zu fördern, hatte Omri die Heirat seines Sohnes Ahab mit «Isebel, der Tochter des Sidonierkönigs», veranlaßt (1 Kön 16, 31). Isebel betete den phönizischen Gott Baal Melkart und die Göttin Aschera an. Als Isebel heiratete, durfte sie die Bildnisse ihrer Gottheiten zusammen mit ihren Priestern und Anhängern mitbringen und ihre Religion in Israel weiterhin ausüben. Zu diesem Zweck errichtete Ahab «dem Baal einen Altar» in einem Götzentempel, «den er in Samaria erbaut hatte» (1 Kön 16, 32). Als Isebel Königin wurde, sicherte sie einen offiziellen Status für die «450 Baals-Propheten und die 400 Propheten der Aschera» (1 Kön 18, 19) und unterhielt sie als Teil ihres Haushaltes. Als wirklich dominierende Persönlichkeit war sie entschlossen, ihre andersartigen Götter und importierten heidnischen Sitten dem Hofe und dem Lande mit Hilfe Ahabs oder mittels seiner passiven Gleichgültigkeit aufzuzwingen. Fromme Israeliten wurden verfolgt und protestierende Priester und Propheten hingerichtet oder gezwungen, sich zu verstecken, oder sie wurden des Landes verwiesen.

Der Triumph des Elia

Die religiöse Krise spitzte sich zu. Die Gefahr, daß Israels Glaube sich mit dem Heidentum vermische und die ganze Nation durch die Ansiedlung in die angrenzenden Gebiete zerfallen würde, verschärfte sich. Auf diesem Hintergrund trat Elia auf. Er versammelte die Frommen und die Unentschiedenen, indem er eine überspitzte Konfrontation zwischen den Anhängern Baals und jenen Gottes erzwang. Er brachte Isebels Einfluß zum Stehen und bewahrte die Überlegenheit des hebräischen Glaubens. Der Triumph des Elia symbolisiert den Sieg des Monotheismus in seinem immerwährenden Kampf gegen die verführerischen und aushöhlenden Versuchungen des Heidentums.
Wir begegnen ihm erstmals, wie er zu König Ahab hineinstürmte und ihn mit bitteren Worten zurechtwies. Er sah wild und ungepflegt aus, war mit einem Lendentuch und einer Kappe bekleidet und verkündete Warnungen vor dem Untergang: «So wahr der *Herr*, der Gott Israels lebt, in dessen Dienst ich stehe,

*Omri ... kaufte den Berg Samaria von Semer ... versah den Berg
mit Bauten und nannte die Stadt, die er erbaut hatte, nach dem Namen
Semers ... Samaria* (1 Könige 16, 23–24)

Der «Berg Samaria» gab seinen Namen jener Stadt, die König Omri von Israel im 9. Jahrhundert v. Chr. auf ihm errichtet hatte. (Die Ruinen auf unserem Bild gehören einem späteren Zeitalter an.) Samaria wurde von Herodes im 1. Jahrhundert v. Chr. wiederaufgebaut und zu Ehren des Kaisers Augustus Sebaste (= Augusta) genannt.

in diesen Jahren soll weder Tau noch Regen fallen, es sei denn auf mein Wort hin» (1 Kön 17, 1). Bevor der erstaunte Monarch ihn verhaften lassen konnte, entkam Elia nach Osten und überquerte den Jordan, um aus der Reichweite der rachedürstenden Isebel zu entkommen.

Wir wissen nichts über seine Jugendjahre. Die Bibel berichtet uns nur, daß er «der Tisbiter, aus Tisbe in Gilead» war, aus dem gebirgigen Gebiet östlich des Jordan. Nach seiner selbstarrangierten «Audienz» beim König versteckte er sich, und das wurde nach jedem seiner häufigen und stürmischen Ausbrüche zur Gewohnheit. Sein Versteck war am Bache Kerit gelegen, bis dieser kein Wasser mehr führte, «weil im Lande kein Regen mehr fiel» (1 Kön 17, 7). Die schwere Dürre hatte begonnen, die das Königreich heimsuchen sollte.

Die folgenden Episoden zeigen Elia als das Instrument göttlicher Wunder. Als der *Herr* ihm aufgetragen hatte, die Grenze zum phönizischen Gebiet zu überschreiten und nach Sarepta zu reisen – einem Dorf an der Mittelmeerküste, einige Kilometer südlich von Sidon –, findet Elia die arme Frau, die Holz sammelte: «Ich habe dort einer Witwe geboten, dich zu versorgen» (1 Kön 17, 9). Aber sie kann keine Nahrung erübrigen. Alles was sie hat, ist ein wenig Mehl in

einem Topf und ein bißchen Öl. Sie ist dabei, die
Zweige zu sammeln, um die letzte Mahlzeit für sich
selbst und ihren jungen Sohn zu kochen, bevor sie ver-
hungert. Elia macht ihr wieder Mut, und Mehl und Öl
reichen für die drei bis ans Ende der Dürre.

Elia hauste mit ihnen in einem oben gelegenen Zimmer. Eines Tages wurde der Junge krank und starb.
Die Mutter war verzweifelt. Elia hob den Jungen auf,
trug ihn zu seinem Zimmer hinauf, während er Gott
anrief, ihm das Leben wieder zu geben. Der Knabe
wurde wiederbelebt. (Ein ähnliches Wunder im Zusammenhang mit dem Propheten Elisa wird in 2 Kön 4
berichtet.)

Dann kam die entscheidende Begegnung mit den falschen Propheten der Isebel. Die Dürre war bereits im
dritten Jahr und ging ihrem Ende entgegen. Elia wurde vom *Herrn* angewiesen, Sarepta zu verlassen, nach
dem Königreich Israel zu wandern und Ahab wieder-
zusehen. Als er in Samaria ankam, begegnete er dem
königlichen Kammerherrn Obadja. Dieser war von
Ahab zu einer Erkundungsreise durch das verdorrte
Land geschickt worden, um einige grüne Flecke Wei-
deland zu suchen. Er war ein frommer Mann. Er hatte
hundert Priester gerettet und versteckt, deren Hinrichtung von Isebel angeordnet war, und verehrte
Elia. Er berichtete dem Propheten, daß nach ihm ge-

sucht werde; der König habe überall nach ihm gejagt.
Obadja deutete an, er solle sich davonmachen, und
war entsetzt, als ihm Elia sagte, daß er speziell herge-
kommen sei, den König aufzusuchen. Noch mehr ent-
setzte er sich, als ihm Elia auftrug, Ahab von seinem
Kommen zu unterrichten. Obadja fürchtete um sein
Leben. Es bedurfte großer Überzeugungskraft, bis er
schließlich einwilligte.

Ahab ging auf Elia zu und richtete an ihn die Worte:
«Bist du es wirklich, du Verderber Israels?» Elia aber
gab zurück: «Ich habe Israel nicht ins Verderben gebracht, sondern du und deine Familie, weil ihr die Gebote des *Herrn* verlassen habt, und weil du den Baalen
nachgegangen bist» (1 Kön 18. 17–18). Man mag sich
wundern, weshalb Ahab sich überhaupt die Mühe
nahm, mit Elia zu sprechen, anstatt ihn verhaften und
hinrichten zu lassen, wie er ohne Zweifel beabsichtigt
hatte. Offenbar befand sich Ahab wegen der noch andauernden Dürre in einem Zustand der Verzweiflung. Es hatte Mißernten gegeben, das Volk hungerte,
Rinder- und Schafherden starben. Der Mann, der
ihm die Katastrophe vorausgesagt hatte, war dieser
zerlumpte und doch Ehrfurcht einflößende heilige
Pilger. Es stimmt, daß er diesen Boten des Unterganges und heftigen Ankläger gegen den Götzendienst
bestrafen wollte. Religiöse Angelegenheiten waren

Wundervolle Elfenbeinplaketten aus dem
9. Jahrhundert v. Chr., einige waren mit
hebräischen Schriftzeichen versehen. Sie wurden
bei archäologischen Ausgrabungen in Samaria
gefunden und sind bekannt als «samaritisches
Elfenbein». Neben den sonstigen Taten Ahabs
erwähnt die Bibel speziell noch «Das
Elfenbeinhaus, das er baute» (1 Kön 22, 39).

Ahab bestimmt gleichgültig. Er hatte nichts gegen das Heidentum seiner Frau unternommen und ihr erlaubt, die Priester ihrer Gottheiten zu behalten, aber er war kein Baal-Missionar. Was seine Haltung gegenüber Israels Glauben betrifft, so war sie eher Teilnahmslosigkeit als klare Feindschaft. Schließlich hatte er Obadja als Hofmeister behalten, obwohl ihm die privaten religiösen Ansichten dieses Beamten bekannt sein mußten. Als er nun Elia anhörte und völlig ratlos war, was er wegen der Dürre tun sollte, mag er gedacht haben, daß der Sendbote des Unterganges sich vielleicht noch als Bote der Hoffnung erweisen könnte.

In dieser Stimmung hörte er sich Elias Vorschlag an und pflichtete ihm bei. Hauptzweck war, die Dürrekrise als Vorwand einer Konfrontation mit dem Heidentum zu benutzen und diesen einen entscheidenden Schlag zu versetzen. Er riet dem König, eine Massenversammlung auf den Gipfel des Berges Karmel einzuberufen, um einen Wettstreit der Stärke zwischen dem *Herrn* – vertreten durch Elia – und Baal – vertreten durch die achthundertfünfzig aus Phönizien nach dem Königreich Israel gebrachten Priester – auszutragen.

Der Wettkampf mit Baal

Als alle auf Karmel versammelt waren, wandte sich Elia mit seiner Rede vor allem an die Unentschiedenen. Er rief: «Wie lange noch wollt ihr auf zwei Krükken hinken? Ist der *Herr* euer Gott, so folgt ihm nach. Ist es aber der Baal, so folgt diesem!» (1 Kön 18, 21). Dann schlug er vor, daß die heidnischen Priester einen Stier aussuchen, zerteilen und ihn auf einen Holzstoß bringen sollten. Er, Elia, würde dasselbe tun. «Dann ruft den Namen eures Gottes an, und ich will den Namen des *Herrn* anrufen.» Welche Gottheit nun Feuer hinunterschleudern würde, um das Opfer anzunehmen... «Er sei Gott».

Am frühen Morgen begann der Wettstreit. Die Priester beteten zu ihrer Gottheit. Nichts geschah. Sie rasten aufgeregt um ihren Altar herum, schlugen sich mit «Schwertern und Lanzen» und riefen ihren Baal an, auf ihr Flehen zu antworten. «Es kam aber kein Laut, keine Antwort und keinerlei Beachtung» (1 Kön 18, 29). Die Bevölkerung sah sich das mit gespannter Aufmerksamkeit an und betrachtete Elia geringschätzig. «Schreit lauter» spottete dieser, «er ist ja ein Gott! Er hatte wohl ein Bedürfnis und ist ausgetreten, oder vielleicht schläft er auch und muß erst aufwachen!» (1 Kön 18, 27). Der Spott verleitete sie zu noch größe-

Er (Ahab) errichtete dem Baal eine
erbaut hatte. Auch ließ Ahab ein Bil

rer Raserei und Selbstverstümmelungen, aber ohne
Erfolg. Der Tag neigte sich seinem Ende entgegen.
Nun forderte Elia das Volk auf, an ihn heranzukommen. Um die Gewaltigkeit der Macht des *Herrn* aufzuzeigen, machte er den Wettstreit für seine Seite
noch schwieriger, indem er Wasser über den Altar
goß. Dann richtete er sein Angesicht himmelwärts
und rief: «Erhöre mich, *Herr*, erhöre mich, damit das
Volk erfahre, daß du, *Herr*, Gott bist, und daß du sein
Herz wieder umgewandelt hast.» Plötzlich war der Altar in Flammen gehüllt, und alles wurde vom Feuer
verzehrt, sogar das Wasser, welches in den umgebenden Graben geflossen war. Die von Furcht überwältigte Versammlung schrie: «Der *Herr* ist Gott, der
Herr ist Gott» (1 Kön 18, 39). Sofort nützte Elia die
Chance, die sich durch den überwältigenden Eindruck beim Volke bot: «Packt die Baals-Propheten»,
schrie er, «keiner soll von ihnen entkommen.» Die
heidnischen Priester wurden zum Kischon-Bach hinuntergezerrt und dort umgebracht.
Ahab war ein stummer Zeuge dieser dramatischen
Ereignisse. Er unternahm nichts, um einzugreifen.
Nunmehr trat Elia zu ihm und sagte, daß «er das Rauschen des Regens hören könne». Die Dürre war an ihrem Ende angelangt. Der Prophet erstieg den Steilhang vom Karmel und schickte seinen Diener sieben-

Die phönizische Prinzessin Isebel brachte aus ihrem Geburtsort Sidon Bildnisse von Göttern und Göttinnen mit, als sie König Ahab heiratete. Ihre Versuche, das Heidentum dem Hofe und dem Lande aufzuzwingen, stießen beim Propheten Elia auf mächtigen Widerstand.

mal auf einen Aussichtspunkt, um den Himmel über der See zu beobachten. Nach dem siebten Male berichtete der Diener: «Eine Wolke erhebt sich aus dem Meer, so klein wie eine Menschenhand» (1 Kön 18, 44). Elia trug ihm auf, Ahab zu sagen, daß er anspannen und nach Hause fahren solle, bevor der Regen ihn aufhalten könne. Ahab tat dies und fuhr zu seinem Winterpalast im Jesreel-Tal. Der Himmel verfinsterte sich und Wolkenbrüche folgten.

Es ist tatsächlich so, daß es auf den ausgedehnten, dem Meer zugewandten Höhenzügen des Karmel immer zuerst regnet. Der Karmel ist ein eindrucksvoller Gebirgszug, der von Eichen, Johannisbeerbäumen und wildem Buschwerk bewachsen ist. Wenn sich im Frühling dann ein Blumenteppich über die Höhen ausbreitet, bieten seine Höhen herrliche Aussichten auf die See im Westen, Jesreel im Osten und die Berge von Galiläa im Norden. Dies war der für den entscheidenden Kampf des Geistes gewählte Ort, an dem der israelitische Glaube triumphierte und das vordringende, ihn mit Vernichtung bedrohende Heidentum zerstampft wurde.

Elia erweckt das Kind im Obergemach zum Leben. Eine Szene auf dem Wandgemälde der Synagoge in Dura-Europos.

«Eine leise, zarte Stimme»

Elia hatte die Schlüsselrolle seines prophetischen Lebens gespielt; sein Leben war jetzt aber in Gefahr. Ahab hatte nämlich Isebel die phantastischen Ereignisse bei seinem Eintreffen im Palast sofort berichtet. Isebel schwor, Elia innerhalb von vierundzwanzig Stunden töten zu lassen, weil ihre Priester getötet worden waren. Der Prophet floh sogleich nach Süden in Richtung Beerscheba, wo er seinen Diener zurückließ, und begab sich allein in die Sinai-Wüste. Er verbrachte einen Tag und eine Nacht voller Depression, Erschöpfung und Zweifel, ob es sinnvoll wäre, in dieser Welt von soviel Schlechtigkeit weiterzuleben. Dann aber wurde er von einem Engel berührt und auf wunderbare Weise mit Nahrung versorgt. Er raffte sich auf und pilgerte vierzig Tage zum Berge Horeb, wo Moses die Zehn Gebote empfangen hatte. Hier, an der Quelle des hebräischen Glaubens, wo der Bund zwischen Gott und den Israeliten geschlossen wurde, versuchte Elia, seinen Geist wieder aufzurichten und eine Erneuerung von Gottes Wort durch eine persönliche Offenbarung zu finden. Im biblischen Bericht über Elias göttliche Begegnung entdecken wir eine entscheidende Nuance, welche auf die jüdische Religion einen bleibenden Einfluß ausüben sollte.

und der Lebensgeist kehrte in den Knaben zurück *(1 Könige 17, 22)*

Der Tisbiter Elia aus Tisbe in Gilead *(1 Könige 17, 1)*

Die Landschaft Gilead,
östlich vom Jordan,
Geburtsstätte des Elia.

Er bestieg die zerklüfteten Hänge zum Gipfel des Sinai, um sich mit der göttlichen Gegenwart zu treffen. Plötzlich erhob sich der Wind zu solcher Gewalt, daß er die Felsen zu spalten schien, «aber der *Herr* war nicht im Sturm». Dann kam ein Erdbeben, «doch der *Herr* war nicht im Erdbeben». Es folgte ein Feuer, «doch der *Herr* war auch nicht im Feuer». Aber nach dem Feuer «kam ein leises, zartes Säuseln. Elia vernahm es und hüllte sein Gesicht in seinen Mantel» (1 Kön 19, 11–13). Diese «zarte, leise Stimme» war die Sprache des *Herrn*, nicht die äußeren Erscheinungsformen der Elemente, die selber ja Gott untertan waren. Diesen geistigen Gesichtspunkt hatte es zwar seit Moses' Zeiten immer gegeben, aber nur im Verborgenen. Von nun an wurde dieser «zusehends mehr betont», wie der Gelehrte William Foxwell Albright ausführt, «und der äußerliche Charakter Seiner göttlichen Offenbarung in der Natur wurde mehr und mehr in die Sphäre poetischer Bilder zurückgeführt».

Auf göttliche Eingebung begab sich Elia in einer umwälzenden politischen Mission von Sinai nach Damaskus, die dem endlichen Sturz der Häuser Omri und Ahab vorausging. Als er auf dem Rückwege durch das Jordantal zog, traf er den jungen Elisa in Abel-Mehola. Der Jüngling verließ Pflug und Familie und folgte Elia bis zum Lebensende des Propheten.

Elia lebte einige Zeit im Dachgeschoß eines Hauses in einem nördlichen Dorf, er vollbrachte hier das Wunder der Wiedererweckung.

Nabots Weinberg

Die hervorstechende Episode, in der Elia als Vorkämpfer für Gerechtigkeit geschildert wird, war die grausame Aneignung von Nabots Weinberg, über die im Buch der Könige (1 Kön 21) berichtet wird. Elia verurteilte nicht nur scharf die Verworfenheit im Verhalten von Mensch zu Gott, sondern auch zwischen Mensch und Mensch, selbst wenn der Übeltäter der König war. Ahab wollte einen Weinberg haben, der an seinen königlichen Landsitz in Jesreel angrenzte, aber der Eigentümer Nabot weigerte sich, ihn herzugeben: «Der *Herr* bewahre mich, daß ich das Erbe meiner Väter dir übergebe!» Eingedenk der unbegrenzten Macht des phönizischen Hofes, wo Isebel aufgewachsen war, wurde ihre Wut erweckt, weil ihr Gemahl, der König von Israel, nicht das bekommen konnte, was er verlangte. Sie beauftragte «zwei ruchlose Männer» damit, öffentlich Anklage gegen Nabot wegen Gotteslästerung zu erheben, der dann auch verurteilt und zu Tode gesteinigt wurde. Sein Grundbesitz wurde der Krone zuteil, und Ahab übernahm es, ohne auch nur im geringsten gegen die Handlung seiner Frau zu protestieren. Als die Nachricht Elia erreichte, eilte er wütend zum Palast und schleuderte Ahab entgegen: «Haratzachta vegam jaraschta?»

Als Elia nach einer langen Dürrezeit zu Ahab vom bevorstehenden Regen sprach, kamen Wolken über dem Meer auf und verdunkelten den Himmel über Karmel.

Dieser Ausdruck ist auf hebräisch außerordentlich viel kräftiger als in Übersetzung: «Hast du gemordet, um auch den Besitz zu rauben?» Dann sagte er den Untergang der Dynastie voraus. Für Ahab selbst prophezeite er: «Dort, wo Hunde das Blut Nabots aufleckten, werden auch Hunde dein Blut lecken», und für seine Frau: «Die Hunde werden Isebel innerhalb der Grenzen von Jesreel fressen.» Zum ersten Mal finden wir Ahab demütig. Er legte seine Kleider ab, trug grobe Gewebe und fastete. Diese Reue erbrachte ihm einen Aufschub vom Fluche des Elia.

Elias Ende ist plötzlich und erscheint ebenso unwirklich wie sein erstes Auftreten. Auf einer Reise von Gilgal nach Bethel und weiter nach Jericho fühlte er, daß es mit ihm zu Ende ging. Alle drei Städte waren Zentren prophetischer Gruppen. Dabei wurde er von seinem Jünger Elisa begleitet. Sie wanderten nach Osten zum Jordan, den sie auch überschritten. Während sie weitergingen und miteinander sprachen, «erschien ein feuriger Wagen mit feurigen Pferden und trennte beide. Elia stieg im Sturm zum Himmel empor» (2 Kön 2, 11).

Schafspelzjacken sind heute in Israel Mode.
Sie erinnern an die Bekleidung des Elia, wenn
wir in der Bibel Elias Begegnung mit den
Boten des Königs Achasja von Israel nachlesen.

Die Wunder des Elisa

Als Persönlichkeit unterschied sich Elisa deutlich von seinem Lehrer. Obwohl er streng sein konnte, wenn es notwendig wurde, war er sanftmütig. Elia aber war streng und befehlend, ein Einzelgänger. Elisa war mehr dem Volke zugewandt. Doch war er ebenso bedingungslos in seiner Verdammung der moralischen Willensschwäche und gleichermaßen eifrig in seinem Auftrag für den *Herrn*.

Die Bibel stellt ihn so dar, daß er seine Mission durch die Ausübung von Wundern erfüllte. Das Wasser der wichtigsten Quelle von Jericho war verdorben, und er machte es wieder genießbar (2 Kön 2, 19–22). (Die Quelle von Ain-es-Sultan wird in der Überlieferung als «die Quelle des Elisa» genannt. Ihr sprudelndes Wasser vermittelt auch jetzt noch üppigen Pflanzenwuchs im Gebiete von Jericho.) Wie sein Vorgänger vervielfältigt er den Inhalt eines einzigen Ölkruges (2 Kön 4, 1–7). Wie Elia ruft er ein totes Kind ins Leben zurück (2 Kön 4, 21–37). Wenn eine Hungersnot auftritt, verwandelt er giftige wilde Kürbisse in eine schmackhafte Mahlzeit (2 Kön 4, 38–44). Er heilt den Aussatz des Aramäergenerals Naaman (2 Kön 5). Es werden Elisa noch weitere wohltätige Wunder nachgesagt. Eines seiner Wunder kann freilich kaum wohltätig genannt werden. Es handelt sich dabei um die beiden Bärinnen, die von ihm aufgefordert wurden, aus dem Wald zu kommen und einige junge Knaben zu zerfleischen, die ihn verspottet und «Glatzkopf» genannt hatten (2 Kön 2, 23–24).

Auch Elisa hat mit dem König von Israel zu tun, und er kann so zurechtweisend wie Elia sein. Aber er dringt nicht dramatisch in das königliche Zelt oder in den Palast ein; die Zusammenkünfte kommen nicht durch seine, sondern durch königliche Initiative zustande. Der grundsätzliche Unterschied besteht darin, daß Elia immer in Opposition zum König stand, Elisa dagegen zumeist behilflich war, gelegentlich allerdings nur zurückhaltend. Zeiten und Könige hatten sich geändert. Ahab war in der Schlacht bei Ramot-Gilead gefallen. Sein Leichnam wurde in seinem Kampfwagen nach Samaria zur Beisetzung zurückgebracht. «Als man am Teiche von Samaria den Wagen wusch, leckten die Hunde sein Blut» (1 Kön 22, 38), so wie es Elia prophezeit hatte. Nach der kurzen Regierungszeit seines Sohnes Achasja bestieg ein weiterer Sohn Joram den Thron. Obwohl seine Mutter Isebel noch lebte, war das Heidentum weniger vorherrschend als zu Ahabs Zeiten. Dies war zum größten Teil Elisas Verdienst. Die von ihm ermutigten Kräfte wurden zunehmend stärker. Joram war sich dieses Wandels bewußt. Er führte zwar keine große religiöse Reform herbei, dennoch «entfernte er den Weihestein des Baal, den sein Vater errichtet hatte» (2 Kön 3, 2). Deswegen konnte Elisa eher mit ihm zusammenarbeiten, als es Elia mit Ahab vermocht hatte.

Außerdem war die Gefahr einer fremden Invasion wieder größer geworden. In solchen Zeiten wurden die Frommen patriotisch: Die Priester und «die Prophetenjünger» (2 Kön 6, 1) gehörten zu den glühendsten Patrioten. Als das Land bedroht wurde, zogen sie mit den Truppen ins Feld. Auch Elisa tat es und half damit dem König, den Feind zu überwältigen. (Nebenbei bemerkt, waren die «Prophetenjünger» Gruppen frommer Männer, die sich zusammen mit ihren Familien Gott widmeten und in Kommunen lebten. So wie Elia trugen sie «einen härenen Mantel und einen Ledergürtel um die Hüften» [2 Kön 1, 8]. Elisa hatte oft in solchen Kommunen gelebt, meist in der Umgebung von Gilgal auf der Jericho-Ebene.) Ihre Loyalität gehörte dem Lande und ihrem Glauben, der auf dem Bund mit Gott beruhte. Wann immer sie der Ansicht waren, daß dieser Bund ignoriert oder vom König nicht beachtet wurde, versäumten sie nicht, den König zu kritisieren, ja sogar zu revolutionären Taten zu schreiten, wie es schließlich Elisa mit Joram machte.

... erschien ein feuriger Wagen mit feurigen Pferden ... Elia stieg im Sturm zum Himmel empor

(2 Könige 2, 11)

Sartaba, eine Hügelspitze über dem Jordan, gilt allgemein als der Ort, von dem aus Elia in einem feurigen Wagen gen Himmel fuhr. Die Ruinen stammen von einer Befestigung, die vom Hasmonäerkönig Alexander Jannäus erbaut und Alexandrion genannt wurde. In talmudischen Zeiten war es eine jener Hügelketten, auf denen Leuchtfeuer entzündet wurden, um den Vollmond anzukündigen.

Eine königliche Konferenz

Elisas erste Zusammenkunft mit dem König geschah, als sich Josaphat von Juda dem Joram von Israel während eines Feldzuges gegen Moab anschloß. Sie beschlossen, die Moabiter von hinten zu überraschen, indem sie einen Umweg durch die Wildnis von Edom machten, dessen König ihr Verbündeter war. Ihr Wasservorrat war zu Ende. Josaphat fragte, ob nicht ein Prophet des *Herrn* anwesend sei, der ihnen helfen könnte. Jemand sagte, daß sich Elisa bei den Truppen befände. Die beiden Könige suchten ihn auf und erklärten ihr Problem. Als erste Reaktion wandte sich Elisa an Joram mit den Worten: «Was habe ich denn mit dir zu tun? Geh zu den Propheten deines Vaters und deiner Mutter!» (2 Kön 3, 13). Denn er konnte nicht schweigend über des Königs Toleranz gegenüber den Gottheiten und dem – wenn auch geringen – Einfluß Isebels hinweggehen. Natürlich war er entschlossen, die Armee zu retten. Aber er wollte nicht den Eindruck erwecken, daß er eine Bitte einem nicht gerade sehr reumütigen Sohne einer Heidin gewährte. Deswegen blieb er dabei, daß er nur aus Respekt vor dem tugendhaften judäischen König helfen würde: «Wenn ich nicht auf Josaphat, den König von Juda, Rücksicht nehmen würde, auf dich würde ich nicht

sehen und dich nicht beachten!» (2 Kön 3, 14). Dann machte er seine hoffnungsvolle Voraussage.

Am nächsten Morgen war das zuvor trockene Wadi voller Wasser, so daß Mann und Tier ihren Durst stillen konnten. (Plötzliche Überschwemmungen sind nichts Ungewöhnliches in diesem Gebiet.) Zudem schien das Abendrot auf die Wasseroberfläche – ohnehin ein ungewöhnlicher Anblick während der Trockenzeit – und gab ihm die Farbe von Blut. Die feindlichen Truppen dachten, die Allianz sei auseinandergebrochen und die alliierten Truppen hätten sich gegenseitig niedergemetzelt. Sie stürmten undiszipliniert in das hebräische Lager, um Beute zu machen, und wurden in Stücke gehauen.

Später, als die Aramäer in Israel einfielen, konnte Elisa dem König helfen, das Land zu retten, weil er Informationen über den Feind besaß. Man weiß nicht, ob ihm diese Auskünfte von übernatürlichen Kräften oder einfach nur von anderen Propheten, die zusammen einen Informationsdienst ausgearbeitet hatten, zugegangen sind. Jedenfalls schien Elisa zu wissen, wo der aramäische König sein Hauptquartier einrichtete. Er ließ die Meldung den israelitischen Truppen zukommen, welche entsprechende Maßnahmen ergriffen. Sie waren offensichtlich so wirksam, daß der feindliche König dachte, es sei ein Spion unter seinen eigenen Leuten. Ein Adjutant berichtete jedoch, daß «Elisa der Prophet dem König von Israel die Reden mitteilt, die du in deinem Schlafgemach führst» (2 Kön 6, 12). Zu dieser Zeit war Elisa in Dotan, etwa 15 Kilometer nördlich von Samaria. Eine aramäische Einheit wurde ausgeschickt, um ihn zu ergreifen. Elisa flehte Gott an, und die Häscher wurden mit Blindheit geschlagen. Dann ging der Prophet zu ihnen und tat so, als ob er ein Fremdenführer wäre und versprach, sie zu dem von ihnen gesuchten Mann zu führen. Er führte sie direkt nach Samaria hinein, wo er sie dem König auslieferte, der sie erschlagen lassen wollte. Aber Elisa riet, Gnade walten zu lassen. Sie erhielten Nahrung und durften unbeschadet in ihr Hauptquartier zurückkehren. Dieser weise politische Akt bewirkte für die Israeliten einen erleichternden Aufschub.

Als die Aramäer später wieder in Israel einfielen, drangen sie bis zur Hauptstadt Samaria vor und belagerten sie. In der Stadt litt das Volk große Not. Der König machte Elisa dafür verantwortlich, der allen empfohlen hatte, Gottvertrauen zu haben. Als die Lage so verzweifelt wurde, daß die Stadt kapitulieren wollte, verschwanden plötzlich die belagernden Streitkräfte. Der *Herr* hatte auf Grund von Elisas Intervention sie die Geräusche eines gegen sie aufmar-

Da sprachen die Männer der Stadt (Jericho) zu Elisa: «… das Wasser ist schlecht …» Er befahl: «Bringt mir ein neues Gefäß und legt Salz hinein!»
(2 Könige 2, 19–21)

Das schmutzige Wasser der «Quelle des Elisa» machte der Prophet, der den Mantel Elias erbte, zu bekömmlichem Wasser (links). Der archäologische Hügel von Dotan (unten) im Norden von Samaria. Hier wurden die Leute, die Elia gefangennehmen wollten, mit Blindheit geschlagen.

schierenden großen Heeres hören lassen. In ihrer Verwirrung glaubten sie, daß es sich um anatolische und ägyptische Heerscharen handle, die sich wahrscheinlich mit Israel verbündet hatten. Sie flohen in Panik, weil sie sich in der Minderzahl fühlten.

Wie wir gesehen haben, unterstützten Elisa und seine frommen Jünger König Joram gegen die Eindringlinge, solange er auf dem Throne und das Land in Gefahr war. Sie unterließen aber niemals ihre Kritik an der Innenpolitik des Königs. Dieser war kein Führer im Sinne der Bundestradition und kein standhafter Förderer der Bundesgesetze. Im Gegenteil, er hatte das importierte Heidentum nicht ausradiert; seine Mutter Isebel war frei und aktiv. Er und sein privilegiertes Establishment fühlten sich mehr von dem lockeren, dekadenten und luxuriösen phönizischen Hof angezogen als durch die ernsten, strengen und moralischen Prinzipien, deren Einhaltung von Israels Führern erwartet wurde. Ein Teil seiner prophetischen Kritik beeinflußte das Offizierskorps der Armee. Zusammen mit der Unzufriedenheit der Kommandeure über die Unwirksamkeit der Kriegführung gegen die Aramäer ließ Elisas Einfluß eine revolutionäre Gärung unter ihnen entstehen: Joram war eben weder Saul noch David. Elisa ermutigte diese Entwicklung, denn seine Loyalität galt nicht «König und Land», sondern «Land und Glaube». Sollte sich eine Möglichkeit für Jorams Ablösung ergeben, so wäre er damit völlig einverstanden gewesen. Auf dem Höhepunkt eines Feldzuges gegen die Aramäer, als die Israeliten ihr Lager bei Ramot-Gilead aufgestellt hatten, nahm Elisa den Vorteil des außer Gefecht gesetzten Königs – er wurde verwundet – wahr und spornte Jehu, einen von Israels Generälen, zu einer erfolgreichen Armeerevolte und einem Staatsstreich an. Joram und seine Mutter wurden erschlagen und die Dynastie Omri und Ahab ausgelöscht. Damit war Elias Prophezeiung erfüllt. Isebels «Buhlschaften und Zauberkünste» wurden abgeschafft, die Götzentempel zerstört, ihre Priester und Anbeter getötet sowie die Baal- und Aschera-Kulte ausradiert.

Die beiden Propheten des 9. Jahrhunderts vor Christus, besonders aber Elia, gehörten zu den hervorragendsten und dramatischsten der biblischen Seher. Sie kämpften als Soldaten des *Herrn* gegen den Götzendienst, zankten den König aus, nahmen sich der Unterdrückten an und trugen in dieser Frühzeit der geteilten Monarchie erheblich zu der moralischen Entwicklung der Nation bei. Als Persönlichkeiten waren sie seltsame Propheten, ganz anders als irgendeiner vor oder nach ihnen. Keiner konnte behaupten, er habe staatsmännische Begabungen wie ihre Vorgänger; sie waren ja auch keine Staatsmänner im eigentlichen Sinn. Auch besaß keiner die poetische Genialität der späteren Propheten, obwohl Elia zuweilen Worte gebrauchte, die den größten Meistern des biblischen Ausdrucks ebenbürtig waren. Beide waren feurige Fanatiker, und genau das war es ja, was in jener Zeit nötig war, um die Leute aus ihrer Gleichgültigkeit und Selbstgefälligkeit zu reißen.

Bis heute gilt Elia als einer der großen volkstümlichen Helden der Nation. Er hat in der Öffentlichkeit vielleicht mehr als irgendein anderer Seher des Alten Testamentes einen lebendigen Platz bewahrt und ist sogar noch immer die Titelgestalt von Volksliedern im modernen Israel. Elia durchwandert weiterhin die Erde, um als der Vorläufer des Messias und Erlösers der Menschheit zu erscheinen. Die Tradition ist lang. Sie war wahrscheinlich schon in biblischen Zeiten stark vertreten, denn das Wiedererscheinen des Propheten Elia ist sogar in der Schrift angekündigt, wie wir dies durch den Propheten Maleachi im 6. Jahrhundert vor Christus erfahren: «Seht, ich sende euch den Propheten Elia, ehe der Tag des *Herrn* kommt, der große und furchtbare» (Mal 4, 5). Wenn das Passahfest von Juden in der ganzen Welt gefeiert wird, so wird ein Glas Wein für Elia eingeschenkt, und die Tür wird geöffnet für den Fall, daß er hereinkommen sollte.

5 Der visionäre Genius

Als die der Kriege überdrüssigen Menschen unserer eigenen Generation die Organisation der Vereinten Nationen gründeten, konnten sie zum Ausdruck ihrer Ziele keine passenderen Worte finden als den seherischen Ausblick auf eine ideale Welt, die von einem Jerusalemer Juden vor mehr als zweitausendfünfhundert Jahren geäußert worden waren – sie sind in der Nähe des Eingangs zum UNO-Hochhaus in die Mauer eingemeißelt: «... ihre Schwerter schmieden sie zu Pflugscharen um, und ihre Speere zu Winzermessern. Nimmer wird Volk gegen Volk das Schwert erheben, und nicht mehr lernt man die Kriegskunst» (Jes 2, 4). Der Mann war Jesaja, nach Moses der größte hebräische Prophet, ein begnadeter Seher, der seine Visionen begeistert weitergab. Er war ein Mann von blendender Geistigkeit, ein großartiger Intellektueller und ein begabter Staatsmann. Seine Weisheit drückte er in hebräischer Poesie von einmaliger Mächtigkeit und Schönheit aus. Jesaja beherrschte das achte vorchristliche Jahrhundert und alle Jahrhunderte danach.

Im 8. Jahrhundert wurde dringend ein überragender Führer gebraucht. Es war ein Jahrhundert der Tragödien, in welchem sich 722 vor Christus der Fall des nördlichen Königreiches Israel ereignete; dieser wiederum war der Vorläufer der Bedrängnis, die das südliche Königreich Juda 135 Jahre später überwältigen wird. Daher bedeutete der letzte Teil des 8. Jahrhunderts einen Wendepunkt im Geschick der hebräischen Nation. Dies hatte auch einen grundsätzlichen Wandel im Charakter der Propheten sowie in der Art und Weise ihrer Äußerungen zur Folge.

Bis dahin hatten die Propheten versucht, das religiöse und ethische Gefühl des Volkes mit düsteren Voraussagen zu stärken. Sie bezogen sich dabei auf die Folgen einer dauernden Abkehr von den durch den Bund festgelegten Maßstäben. Keiner hatte jedoch die völlige Zerstörung der Königreiche vorhergesehen. Der *Herr* würde Gesetzesübertretungen bestrafen: ein König wird abgesetzt werden; das Land wird von einer Dürre heimgesucht werden; ein feindlicher Angriff wird erfolgreich sein und Gebiete werden verlorengehen. Aber in Zeiten größter Not würde der *Herr* doch irgendwie die Lage retten; er würde den Untergang der Nation nicht zulassen.

Im großen und ganzen war diese Haltung durch die politischen und militärischen Verhältnisse bedingt, die während der letzten fünfhundert Jahre im Mittelosten geherrscht hatten. Weder Ägypten im Süden noch irgendeine der andern Mächte im Norden erwiesen sich zwischen dem 13. und 8. Jahrhundert als stark genug, um einen energischen Eroberungsfeldzug zu führen oder die gesamten Streitkräfte des Reiches in

Ihre Schwerter schmieden sie zu Pflugscharen um und ihre Speere zu Winzermessern. Nimmer wird Volk gegen Volk das Schwert erheben, und nicht mehr lernt man die Kriegskunst (Jesaja 2, 4)

Die vorzüglich erhaltene hebräische Schriftrolle des vollständigen Buches Jesaja, in den Höhlen am Toten Meer entdeckt, befindet sich heute im Israel-Museum von Jerusalem. Eine Schlüsselstelle der seherischen Worte dieses frühen Propheten schmückt den Eingang zum Gebäude der Vereinten Nationen in New York und soll den hohen Zielen dieser Weltorganisation Ausdruck verleihen.

«Ich bin kein Zunftprophet und kein Prophetenschüler, sondern ein Hirt bin ich und ein Maulbeerfeigenzüchter» *(Amos 7, 14)*

Die Frucht des Maulbeerbaumes (links) und der Maulbeerbaum selbst (rechts). Amos verschmähte den Titel eines Propheten, denn er wollte nur ein Hirte und Züchter von Maulbeerfeigen sein, ein Mann dieser Erde, der das Glück hatte, Gottes Wort zu vernehmen und es seinem Volk weiterzugeben.

einen Kampf zu verwickeln. Beide Seiten hätten sich überdies durch die zwischen ihnen befindlichen Länder hindurchkämpfen müssen. Weil dies aber nicht geschehen war, hatten sich die Länder auf ihre eigene Weise entwickelt. Waren ihre Führer weise, förderten sie ihr Wohlergehen. Natürlich kämpften sie auch miteinander. Allen widerfuhren die Wechselfälle des Schicksals; mal gewannen sie, mal verloren sie eine Schlacht; mal forderten sie Tribut, mal mußten sie ihn entrichten. Keines der Länder aber lebte in der schrecklichen Furcht der völligen Vernichtung durch ein Großreich. Das Auftauchen des machtvollen assyrischen Reiches im Norden zu Beginn der zweiten Hälfte des 8. Jahrhunderts beendete diese Epoche. Die Gefahr einer totalen Vernichtung war nun für Aram, Ammon, Moab, Edom, Phönizien und das Philisterland sehr wirklich geworden – auch für die Königreiche Israel und Juda.

Dadurch entstanden in riesigem Umfange neue Probleme für die Bewahrer des Nationalgewissens, mußten sie doch bei ihrem Lehren und Führen in Rechnung stellen, daß Staatswesen und Unabhängigkeit verlorengehen könnten. Die außerordentliche Weise, in der sie und ihre Nachfolger der Herausforderung begegneten, konnte zwar ihre eigene Generation nicht immer retten, aber sie sicherte die nationale und

Die felsige Stätte des antiken Tekoa am
Rande der Judäischen Wüste,
Geburtsort des Propheten Amos.

geistige Erhaltung des hebräischen Volkes für alle Zeiten.

So hervorragend Elia und Elisa waren, stellten sie doch eher volkstümliche Figuren dar, deren Legende wohl andauerte, deren Einfluß aber größtenteils auf ihre eigene Epoche und ihren eigenen Lebensbereich beschränkt blieb. Die Wirkung der nachfolgenden Propheten, besonders Jesajas und später Jeremias, war gewaltig und unermeßlich. Sie erstreckte sich weit über ihre eigene Zeit hinaus und sogar über die Grenzen ihrer eigenen Nation hinweg.

Die Schriftpropheten

Abgesehen von Jesaja gab es im 8. Jahrhundert drei wichtige Propheten. Die ersten waren Amos und Hosea, die den neuen prophetischen Trend begannen. Amos, der erste der «Schriftpropheten», «lebte unter den Schafhirten von Tekoa», einem Dorf am Rande der judäischen Wildnis. Er prophezeite jedoch im nördlichen Königreich und begann sein Leben in der Öffentlichkeit gegen Ende der Regierungszeiten der Könige Usia von Juda und Jerobeam II. von Israel. Zur gleichen Zeit betätigte sich Hosea ebenfalls dort. Er kam aus dem nördlichen Königreich. Der dritte

Diese Inschrift bezeichnet die Grabstätte der
«Gebeine des Königs Usia von Juda», der an
Aussatz starb und deshalb nicht in der königlichen

Prophet war Micha. Er wurde zu Moreschet am Vorgebirge der mittelmeerischen Küstenebene im südwestlichen Juda geboren und wirkte gleichzeitig mit Jesaja. Seine Vorträge setzten etwas später während der Regierungszeiten von Jotam, Ahas und Hiskia von Juda ein.

Mit dem Tode von Jerobeam II. im Jahre 745 vor Christus begann der moralische Zusammenbruch des nördlichen Königreiches. Er führte zu politischer Anarchie, welche mit dem Zerfall des Staates endete. Die politische Szenerie war in den letzten fünfundzwanzig Jahren in Samaria durch Verschwörungen und Gegenverschwörungen gekennzeichnet; durch Aneignung des Thrones mittels Gewalt oder Beschlagnahme durch den nächsten Thronräuber in einem Bürgerkrieg; durch den Zusammenbruch von Gesetz und Ordnung und durch eine Flut von unreligiösem und ausschweifendem Benehmen. All dies geschah, während der unerbittliche Schritt der Angreifer stetig näher rückte.

Auch Juda war während dieser Periode weitgehend verweichlicht, liederlich und entscheidungsschwach, obwohl es politisch stabiler war und etwas weniger von seinen religiösen Wegen abwich. Trotzdem schien es sich ebenso verworren inmitten der alarmierenden Anzeichen der assyrischen Schachzüge zu be-

Jerusalem von Südwesten her gesehen. Der vergoldete Felsendom (oben links) auf dem ursprünglichen Bauplatz von Salomos Tempel. Die Aqsa-Moschee mit der silbernen Kuppel (rechts davon) steht innerhalb des alten jüdischen Tempelberges. Über ihr auf dem Skopusberg sind die Gebäude der Ersten Hebräischen Universität zu sehen. Die Westmauer oder Klagemauer – der Juden heiligster Ort – erscheint links unterhalb des Doms.

Der Prophet Jesaja, auf den Fresken
Michelangelos in der Sixtinischen Kapelle im
Vatikan, Anfang 16. Jahrhundert.

wegen. Da es weiter südlich lag, war es nicht so unmittelbar verwundbar; aber es stand nach wie vor unter wirklicher Bedrohung. Anstatt das Volk gegen die drohende Gefahr zu einigen und zusammenzuhalten, verpufften seine Führer ihre Zeit auf der Suche nach diplomatischen Bündnissen von zweifelhafter Nützlichkeit.

Die drei aus bescheidenen Verhältnissen stammenden Propheten hatten keine persönlichen Kontakte zu Königen und Höfen, auch nicht mit der offiziellen Priesterschaft, die sie verachteten. Sie waren keine tatendurstige Männer; auch vollführten sie keine Wunder. Sie waren Männer des Wortes, des inspirierten Wortes. Sie durchstreiften das Land, sprachen furchtlos in den Tempelhöfen oder zu Gruppen von Jüngern. Sie lehrten, führten und appellierten an das Gewissen des Volkes und baten es inständig, den Bund mit dem *Herrn* einzuhalten. So wie frühere Propheten wetterten sie gegen Götzendienst und moralischen Verfall, gegen die Gier, Heuchelei und den Machtmißbrauch durch die Gewalthaber. Sie prangerten außerdem die sozialen Mißstände an, insbesondere die Unehrlichkeit der Reichen und die Ausbeutung der Armen. Noch bedeutender war jedoch ein neuer prophetischer Wesenszug, nämlich ihr Angriff auf das religiöse Establishment. Sie bedauerten die Überbe-

wertung der äußerlichen Rituale und betonten, daß Glaube eine Angelegenheit des Herzens und des Gewissens sei: «Denn Frömmigkeit ist mir lieber als Schlachtopfer; Erkenntnis Gottes lieber als Brandopfer!» ruft Hosea (Hos 6, 6). Und Micha sagt: «Hat der *Herr* Gefallen an 1000 Widdern, an ungezählten Strömen von Öl? ... was verlangt der *Herr* von dir: Nichts als Rechtes zu üben... und bescheiden mit deinem Gott zu wandeln» (Mich 6, 7–8). Diese neuartige Richtung im prophetischen Ausdruck fand ihr Echo bei allen, die ihr folgten. Sie erwies sich als ein mächtiges Bollwerk für die Erhaltung der Nation, als sie ins Exil gestoßen wurde, und als Bewahrerin der Religion, als sie ihres Tempels beraubt war. Schließlich waren Tempelverehrung und das Opfer im Tempel nicht unabdingbar für die Religion. Das Mark des Glaubens war der im Herzen getragene Glaube.

Das Kernstück einer guten Gesellschaft war Gerechtigkeit. Amos hatte eine Vision des *Herrn*, der in seiner Hand ein Meßlot längs einer Wand hielt und sagte: «Siehe, ich lege ein Meßlot inmitten meines Volkes Israel. Ich will ihm in Zukunft nicht mehr vergeben. Verwüstet werden die Höhen Isaaks, die Heiligtümer Israels werden zerstört» (Am 7, 8–9). Professor Shalom Spiegel schreibt: «Es ist eine vertraute Lektion, die jeder Maurer verstehen und auch erklären könn-

... darum sei euch diese Schuld wie ein herabfallender, klaffender Riß in einer hohen Mauer; plötzlich im Nu kann ihr Einsturz erfolgen (Jesaja 30, 13)

Die zerstörten Mauern von Sebaste, das über Samaria aufgebaut wurde. Samaria wurde seiner Bosheit wegen, wie von Jesaja vorhergesagt, vernichtet. Es war wie eine beschädigte Wand, «deren Einsturz plötzlich kommt».

te: Eine Mauer, die stehen und dem Lauf der Zeiten widerstehen soll, muß gerade und stark, ohne Baufehler sein. Je mehr aus der Lotrechten und je höher, desto sicherer ihr Verfall. Das Gleichnis scheint zu zeigen, daß das, was in der Natur das Gesetz der Gravitation bedeutet, in der Gesellschaft die Gerechtigkeit ist.»

Amos und Hosea setzten eine neue Tradition in Bewegung. Der auffallendste Aspekt ihrer Lehren war die mutige Annahme und Darbietung der ehrfurchtgebietenden Folgerungen, die als grundlegendes Prinzip dem Mosaischen Bunde innewohnen. Gäbe das Volk die Abmachungen dieses Bundes preis, würde es vom *Herrn* preisgegeben werden. Sofern es nicht seinen schlechten Lebenswandel ändere und Reue zeige, würde es in härtester Weise bestraft werden. Wenn die Israeliten dächten, daß sie nie von Gottes Verheißenem Land vertrieben werden könnten, daß vielmehr ein charismatischer Richter oder ein Wunder vollbringender Prophet aufstehen würde, um es zu retten, so wäre dies alles ein schwerwiegender Fehler. Amos und Hosea waren da, ihnen zu sagen, daß sie möglicherweise eben nicht gerettet würden. Der *Herr* wäre nicht mehr an sein Versprechen gebunden – auch bezüglich des Landes –, wenn sie ihre eigenen Verpflichtungen mißachteten, die sie am Sinai einge-

Ein assyrisches Relief im Palaste Sanheribs in Ninive stellt dar, wie Gefangene aus ihrer zerstörten Stadt getrieben werden und die Eroberer deren Beute davontragen. Imperialismus und die Verherrlichung von imperialistischen Taten veranlaßten den Propheten Jesaja zu bitteren Anklagen.

gangen waren. Deswegen war es nutzlos, ihren alten Gewohnheiten zu folgen und nach Gewalttaten auf ihre Rettung zu hoffen. Sie sollten in die eigenen Herzen blicken, ihr Benehmen ändern, die steinige Straße des Verstehens anstelle des mystischen Pfades zur leichten Rettung wählen. Wenn nicht, dann würden die einzigen Gewalttaten, die sie erwarten konnten, Taten der göttlichen Bestrafung sein.

Hier also waren Propheten, die keinen Trost und keine Wunder darboten, sondern den Untergang ankündigten. Einige von ihnen, die in den nächsten drei Jahrhunderten folgten, waren feurige Propheten des Unheils, etwa Hosea mit seinem «sie säen Wind und werden Sturm ernten» (Hos 8, 7). Einige waren Propheten reiner Hoffnungen. Aber keiner von ihnen, auch nicht Hosea und Jeremia, konnte den Anklang hoffnungsvoller Verheißung unterdrücken – ein Grundsatz des hebräischen Glaubens sind Visionen von idyllischer Glücklichkeit, sobald die Aussöhnung mit dem *Herrn* wieder erreicht ist.

Die Lehren dieser Propheten hatten eine tiefgreifende Wirkung auf spätere Generationen. Ein nicht zu unterschätzender Grund dafür war die großartige Poesie, in der sie ihre erhabenen Gedanken ausdrückten. Diese Poesie war reich an bildhaften Gleichnissen. Sie verwendeten Worte, die nie zuvor gebraucht worden

Der schwarze Obelisk des assyrischen Herrschers
Salmanassar III. veranschaulicht seine militärischen
Siege und zeigt, wie seine Vasallen große
Tribute abgeben und sich vor ihm demütigen.

waren. In ihren Darstellungen bezogen sie sich in
leichtverständlicher Weise auf das vertraute einfache
Leben um sie herum.

Jesajas «Getreue Stadt»

Bei keinem andern waren die Genialität der Gedanken und der Ausdrucksfähigkeit glücklicher vereint
als bei Jesaja, dem Sohn des Amoz. Im Gegensatz zu
den übrigen Propheten dieses oder irgendeines Jahrhunderts kombinierte er seine Begabungen mit weiteren Eigenschaften des Verstandes und der Persönlichkeit, was ihm ein würdevolles Gehör bei den Staatsrä-
ten verschaffte, wenngleich diese seinen Rat nicht immer befolgten. Bis zu einem gewissen Ausmaß konnte
er aber die laufenden Angelegenheiten beeinflussen
und auch die Zukunft seines Volkes unauslöschlich
kennzeichnen.
Er wurde zu Jerusalem etwa um die Mitte des 8. Jahrhunderts vor Christus geboren. Sein ganzes Leben
blieb verbunden mit dieser «Getreuen Stadt», wie er
sie nannte. Es war Zion, die Stadt Davids, mit ihrem
Tempelberg und dem Kidrontal, mit den Olivenhai-
nen inmitten der judäischen Hügel. Es war eine Stadt
von unübertroffener Schönheit und historischem

Ruhm, das geistliche Zentrum der Nation, die Stadt, von der ihm jeder Stein teuer war – und die Stadt, die er züchtigte, gerade weil er sie liebte. In seiner Vision der idealen Welt war es natürlich, daß die Quelle der Inspiration dieser Welt der Ort war, von dem er seine eigene empfangen hatte: «Am Ende der Tage wird es geschehen: Da steht der Berg des Hauses des *Herrn* an der Spitze des Berges festgegründet und ragend über die Hügel, und alle Völker strömen zu ihm. Viele Nationen pilgern und sprechen: ‹Auf, laßt uns steigen zum Berge des *Herrn* und zum Hause des Gottes Jakobs, daß er uns seine Wege lehre und wir schreiten auf seinen Pfaden.› Denn Weisung geht aus von Zion, das Wort des *Herrn* von Jerusalem» (Jes 2, 2–3).

[Professor Mosche Weinfeld von der Hebräischen Universität zu Jerusalem erklärt hierzu, daß der Jerusalemer Tempel als ein übergeordnetes Gericht diente. Dort erhielt das Volk Anweisungen; von dort erging das Urteil oder die endgültige Entscheidung. Die Einzelheiten finden wir in Deuteronomium (Dtn 17, 8 ff.). Dort wird das hebräische Wort «tora» (Dtn 17, 11) als «Anweisung» benutzt, während es sonst «das Gesetz» bedeutet. Das hebräische Wort «dawar» (Dtn 17, 8.10), welches auch «Wort» bedeutet, wird im Sinne von «Entscheidung» benutzt. Jesajas Vision der idealen Welt sah den Tempel als einen internationalen Gerichtshof an, der den Völkern aller Länder «Anweisungen» gab und «Entscheidungen» fällte, um internationale Streitfälle zu schlichten – die allererste Vorstellung eines idealen Abgeordnetenhauses der Vereinten Nationen. Indem Jesaja «tora» und «dawar» im deuteronomischen Sinne benutzte, hoffte er, daß «aus Zion heraus» die «Anweisung» und das «Urteil» des *Herrn* von Jerusalem aus ergehen sollte. Somit war Jerusalem eine wirkliche und nationale Instanz. Wie Dr. Weinfeld aufzeigt, wandelte Jesaja es in seiner Vision in eine internationale geistliche Instanz um.]

Jesaja war Anfang Zwanzig, als er die prophetische Berufung erhielt. Dies geschah in der letzten Zeit der Regierung von König Usia, und während der nächsten fünfzig Jahre dominierte seine Stimme in der Nation, meistens als Stimme der Opposition. Mit König Ahas hatte er nur eine bedeutsame Begegnung, aber während der Regierungszeit von König Hiskia greift Jesaja auch in öffentliche Angelegenheiten ein.

Bis dahin hatte sich sein Ruf gut etabliert. Er hatte als junger Mann die Bestechlichkeit des nördlichen Königreiches beobachtet und zugesehen, wie es zerfiel. Wenn er sich in Jerusalem umsah, bemerkte er ähnliche Zeichen der Sittenlosigkeit und Korruption und fürchtete um die wahrscheinlichen Folgen. Er war we-

… in den steilen Klüften und Felsenspalten, in allen Dornsträuchern …

(Jesaja 7, 19)

gen der Gleichgültigkeit der Leute beunruhigt, die ihre Augen vor der Wirklichkeit und ihre Ohren vor der korrigierenden Stimme verschlossen und nur süße Worte der Wiederberuhigung suchten; «Denn ein Volk von Empörern sind sie, abtrünnige Söhne; Söhne, die kein Ohr haben für die Weisung des *Herrn*, die zu den Sehern sagen: ‹Seht doch nicht!›, zu den Schauenden: ‹Schaut nicht, was wahr ist!› Sagt uns vielmehr Schmeicheleien, schaut uns Täuschungen!» (Jes 30, 9–10). Es war Jesajas Ziel, ihnen die Illusionen zu nehmen. Indem er Amos' Gleichnis von der Wand und dem Senklot ausschmückte, sagte er: «Darum sei euch diese Schuld wie ein herabfallender, klaffender Riß in einer hohen Mauer; plötzlich im Nu kann ihr Einsturz erfolgen. Und ihr Zusammenbruch wird sein wie das Zerbersten von Töpfergeschirr, das man ohne Schonung zusammenschlägt…» (Jes 30, 13–14). Die Ungerechtigkeit in der Gesellschaft war wie ein struktureller Riß, der das ganze Gebäude zusammenbrechen lassen konnte.

Ebenfalls in Amosscher Tradition rief Jesaja aus: «Wehe, sündiger Haufe, schuldbeladenes Volk, Brut von Verbrechern, Söhne die frevelhaft handeln! Sie verließen den *Herrn*… Wie ward doch zur Dirne die Stadt, die einst so getreu, erfüllt von Recht, und alle haben Bestechung gern, laufen Geschenken nach…

Die Judäische Wüste mit ihren «trostlosen Tälern» und «Höhlen in den Felsen». Jesaja beschrieb diese Landschaft, um seinen prophetischen Visionen Ausdruck zu geben.

Darum spricht der Gebieter: Ich wende meine Hand wider dich, läutere wie mit Laugensalz deine Schlakken...» Aber ein gereinigter Rest wird nach diesem Reinigungsprozeß übrigbleiben, und «Zion wird durch Recht erlöst, durch Gerechtigkeit seiner Bekehrten» (Jes 1, 4. 21–27). In Hoseas Tradition findet er für das Priester-Establishment und seine Heuchelei folgende Worte: «Wozu soll mir die Menge eurer Schlachtopfer dienen? so spricht der *Herr*. Der Widder Brandopfer habe ich satt... der Stiere, der Lämmer, der Böcke Blut... Bringt sinnlose Gaben nicht länger dar...» Was der *Herr* vom Volke verlangte, war ganz einfach: «Hört auf, das Böse zu tun. Lernt Gutes wirken, trachtet nach Recht, leitet den Unterdrückten, setzt euch im Gericht für den Verwaisten ein, führt den Rechtsstreit der Witwe!» (Jes 1, 11.13. 16–17). Jede Ansprache enthält konstruktive Anweisungen, wie die Verfehlungen wieder in Ordnung gebracht werden können, und jede endet mit Hoffnung. Typisch dafür ist: «Dann kommt, und wir wollen verhandeln, spricht der *Herr*; sind eure Sünden wie Scharlach, sie sollen weiß werden wie Schnee, sind sie wie Purpur so rot, sie sollen werden wie Wolle» (Jes 1, 18). Die Nichtbereuenden werden leiden müssen; es können weitreichende Zerstörungen geschehen, aber die Nation wird nicht ausgelöscht werden.

Es wird «zum Feuer und sein Heiliger zur Flamme», in Brand gehalten von «Israels Rest und was entronnen vom Hause Jakob... sie werden sich stützen in Treue auf den *Herrn*, den Heiligen Israels. Ein Rest bekehrt sich, ein Rest von Jakob zum starken Gott» (Jes 10, 17. 20–21).

Berater des Staates

Dieser Gottesglaube, dieser leidenschaftliche Sinn für das Recht und diese Erlösungshoffnung durch gerechtes Benehmen waren integrale Bestandteile des Geistes von Jesaja. Sie inspirierten alle seine politischen Konzepte und seine Beratung des Staatsführers. Zum erstenmal begegnen wir seinem politischen Ratschlag im kritischen Jahr 735 bei einem Zusammentreffen mit dem König. Pekach war auf dem Throne des nördlichen Königreiches und war mit König Rezin von Damaskus verbündet, um gegen die Assyrer zu marschieren. Wahrscheinlich waren sie in Juda eingefallen, um ihre südlichen Grenzen zu sichern. Bald darauf standen die Truppen beinahe vor den Toren Jerusalems. In der Stadt brach Panik aus, der sich auch König Ahas nicht entziehen konnte. Weil er sich hilflos fühlte, entschied er, den assyrischen Kaiser

Wohlan, der Weinberg des Herrn der Heerscharen ist das Haus Israel
(Jesaja 5, 7)

Weizenfelder, auf welchen die «Schnitter Korn ernten»
(links), und Weinberge, in welchen «Trauben gelesen»
werden (unten). Dies sind Szenen, wie sie Jesaja
vertraut waren und aus denen er seine poetische
Ausdrucksweise für seine Prophezeiungen schöpfte.

Tiglat-Pileser III. um Hilfe zu ersuchen. Zu dieser Zeit hatte Jesaja eine Begegnung mit ihm. Der Prophet strahlte Zuversicht aus und versuchte, den König zu beruhigen, sein Entsetzen zu mildern und ihn seine Haltung wiederfinden zu lassen. «Sei gefaßt und bleibe ruhig, fürchte dich nicht», sagte er, «und dein Herz verzage nicht vor diesen beiden Stummeln von rauchenden Brandscheiten, vor dem lodernden Zorne Rezins und... des Sohnes Remaljas [Pekach]» (Jes 7, 4). Er bat den König dringend, dem *Herrn* zu vertrauen; der Angriff von der Israel-Aram-Allianz würde erfolglos sein, so daß keine Notwendigkeit für assyrische Hilfe bestünde. Jedoch hatte der König zuwenig Vertrauen in den *Herrn*, zu sich selbst und zu seinem Volk. Er befolgte Jesajas Rat nicht und schickte dem assyrischen Kaiser riesige Geschenke.

Tiglat-Pileser reagierte schnell. Er donnerte über die verbrüderten Länder hinweg und überwältigte sie. 732 richtete er Rezin hin und würde das gleiche auch mit Pekach getan haben, wenn dieser nicht von Hosea ermordet worden wäre. Hosea übernahm den Thron, unterwarf sich den Assyrern und machte sich ihnen tributpflichtig. Er verblieb König eines sehr zusammengeschrumpften Israel. Tiglat-Pileser starb 727. Auf ihn folgte dessen Sohn Salmanassar V. Hosea ergriff die Gelegenheit, um abzufallen. Er verließ sich

auf die von der südlichen Macht – Ägypten – versprochene Hilfe und verweigerte Assyrien den Tribut. Salmanassar schlug 724 zu, doch von Ägypten kam keine Hilfe. Hosea geriet in Gefangenschaft, und Samaria wurde belagert. Zwei Jahre lang hielt die Stadt aus. Während dieser Zeit starb Salmanassar. Sein Nachfolger war Sargon II. Samaria fiel 722, das Land wurde vom assyrischen Reich absorbiert. Viele der überlebenden Israeliten wurden nach Mesopotamien deportiert; eine große Zahl floh südwärts nach Juda, um sich ihren Brüdern wieder anzuschließen; einige blieben da. Dann bevölkerte Sargon das Land mit Siedlern aus andern Ländern, die er sich erobert hatte, einschließlich «Babylon, Kuta... [und] Hamat». Diese Leute nahmen Samaria in Besitz und ließen sich in den Ortschaften des Landes nieder (2 Kön 17, 24). (Die zurückgebliebenen Israeliten vermischten sich mit den aus dem Norden stammenden Aussiedlern, und ihre Nachkommen wurden als Samariter bekannt.)

Juda hatte einen Aufschub erhalten, obwohl es Assyrien tributpflichtig war. Es bildete nun den einzigen Rest der Nation im eigenen Lande. Jerusalem war die einzige nationale Hauptstadt, das Heim des zentralen Heiligtums und Verwalterin der Hoffnungen des Volkes. Die Verantwortung war furchterregend und ebenso der Schock über Israels Zerstörung sowie die ausgedehnte Macht des assyrischen Reiches, das seine Truppen direkt an Judas Grenzen stehen hatte. Jesaja war ebenfalls schockiert. Er sah Israels Schicksal als die natürliche Folge eigenen Verhaltens. Er wußte, daß es seine Aufgabe war, Juda diese Lektion rechtzeitig zu lehren. Obwohl er intuitiv spürte, daß der *Herr* Jerusalem vor dem Schicksal Samarias bewahren würde, sagte ihm sein Verstand, daß dieses Schicksal dennoch eine Möglichkeit darstelle, sofern Korruption, Gleichgültigkeit und soziale Ungerechtigkeit, die er überall antraf, nicht beseitigt würden.

Prophetische Gleichnisse

Der Prophet wandte sich mit Worten von unermeßlichem Wert an das Volk, um es aus seinem Gleichmut herauszureißen und um dessen geistige Kräfte anzuregen. Dies hielt er so für den Rest seines Lebens. Jesaja verwies in seinen moralischen Verkündungen auf die Landschaft der Umgebung und die alltäglichen Szenen in er Stadt, denen er beim Durchwandern der Gassen begegnete oder die er vom First seines Hauses aus sah. Wir lesen von den judäischen Bergen mit ihren «öden Tälern» und «Felsenhöhler» – ähnlich wie

sie heute noch sind – und von der Fruchtbarkeit – auch wie heute – der Weizenfelder, wo «der Schnitter Korn erntet», von den Weinbergen, «wo sie die Traubenlese hielten», und von den Hainen, wo sie «die Ölbäume schüttelten». Wir gewinnen ein lebendiges Bild vom Leben in Jerusalem, vom Gedränge in den Tempelhöfen und vom Treiben der Menschenmengen in den engen Gassen, von den Pferden und Kampfwagen, vom damaligen «Tumult» und der «Lebendigkeit». Wir fühlen die Bedrückung des Propheten wegen des Verlangens nach materiellen Gütern, nach Silber und Gold, des Sich-Gehenlassens mit «starken Getränken», der grobschlächtigen Festlichkeiten.

Amos und Hosea waren von einfacher Herkunft. Offensichtlich stammte Jesaja aus einer vornehmen Familie (einige Gelehrte sind der Ansicht, daß sie gar dem Hofe nahestand in Anbetracht der Leichtigkeit, mit welcher der Prophet Kontakt zum König fand); trotzdem war er mit seiner Kritik an den Vornehmen und Reichen genauso unverhohlen wie seine prophetischen Kollegen. «Deine Fürsten – Empörer sind sie und Diebesgesellen» (Jes 1, 23). Sie «haben den Weinberg geplündert», und «das den Armen geraubte Geld ist in euern Häusern» (Jes 3, 14). «Wie kommt ihr dazu, mein Volk zu zerschlagen, zu zerstoßen der

133

An jenem Tage entfernt der Herr den prächtigen Schmuck... die Ohrgehänge, Armkettchen... die Fingerringe und Nasenringe

(Jesaja 3, 18–22)

Schmuck, wie er von den «stolzen» und «eitlen» Frauen zur Zeit Jesajas getragen wurde. Diese Mode verglich der Prophet mit der Leichtfertigkeit des Volkes und erwähnte sie in seiner scharfen Schmähschrift gegen den Materialismus.

Armen Antlitz?» (Jes 3, 15). Er beklagte den Geiz der Landeigentümer: «Wehe jenen, die Haus an Haus reihen, Feld an Feld rücken» (Jes 5, 8).

Er versuchte, das Volk zur Selbstkritik zu führen. Die Leute sollten erkennen, wie nutzlos und gefährlich ihre Gleichgültigkeit gegenüber dem vor dem Tor stehenden Feinde und der Frivolität in ihrer Mitte war. Es gibt einen beißenden, aber höchst präzisen und farbenfrohen Abschnitt, in welchem er sie mit Modedamen vergleicht und sie davor warnt, was geschehen wird, falls sie weiterhin auf flüchtige Vergnügungen und Schmuck bestehen sollten:

«Und der *Herr* sprach: Weil Zions Töchter so hochmütig sind, beim Gehen hochrecken den Hals und ihre Augen verdrehen, weil sie trippelnd und tänzelnd einhergehen und mit den Fußspangen klirren; darum wird der Höchste den Scheitel der Zionstöchter kahlköpfig machen, und ihre Schläfe wird entblößen der *Herr* sowie ihre intimen Körperteile. An jenem Tag entfernt der *Herr* den prächtigen Schmuck, die Fußspangen, Stirnbänder, Möndchen. Die Ohrgehänge, Armkettchen und Schleier, die Kopfbinden, Schrittkettchen und Gürtel, die Halsbänder und Amulette, die Fingerringe und Nasenringe, die Feierkleider, Mäntel und Überwürfe und Täschchen, die Schleier und Untergewänder, die Binden und Umschlagtü-

135

cher. Und dann wird es geschehen: Anstatt des Parfüms gibt es Moder, statt der Schärpe den Strick, statt des Lockengekräusels die Glatze, statt des Prachtgewandes die Gürtung des Sackes, ja Schande statt Schönheit» (Jes 3, 16–24).

Hiskias Tunnel

Als Hiskia auf seinen Vater Ahas gefolgt war, versuchte er, zwischen den benachbarten Staaten antiassyrische Allianzen zu fördern und Vorbereitungen dafür zu ermutigen. Jesaja verachtete diese Diplomatie und forderte zum Glauben an den *Herrn* anstelle von heidnischen Alliierten auf. Einzig gegenüber den von Hiskia errichteten Befestigungsanlagen in Jerusalem war er ein bißchen weniger zornig. Natürlich stand er genügend im Leben, um die Wichtigkeit militärischer Verteidigung nicht zu unterschätzen. Doch weder Rampen noch Erdarbeiten konnten sich als wirksam erweisen, wenn die Nation von moralischer Krankheit befallen war und überdies die Unterstützung des *Herrn* nicht hatte. Eines Tages verkündete er Hiskia: «Du schautest nach dem Rüstzeug... Du sahst, daß die Risse der Davidstadt zahlreich waren, gesammelt hast du die Wasser des unteren Teiches. Die Häuser

Jerusalems zähltest du ab und rissest sie nieder, um die Mauer zu festigen. Ein Sammelbecken hast du geschaffen für die Wasser des alten Teiches zwischen den beiden Mauern. Aber du blicktest nicht nach *Ihm,* der dies bewirkte...» (Jes 22, 8–11).

Als Jesaja das «Sammelbecken» und den «unteren Teich» erwähnte, bezog er sich auf ein spektakuläres Projekt, das von Hiskia durchgeführt worden war. Dieses Projekt fand seine Bestätigung in einer archäologischen Entdeckung, welche vor neunzig Jahren gemacht wurde. Weil Hiskia wußte, daß im Belagerungsfalle Jerusalem nur solange aushalten konnte wie sein Wasservorrat reichte, befaßte er sich mit der Sicherung der Wasserversorgung der Stadt, indem er den Zutritt zu den Quellen durch Befestigungen schützte und sie dadurch gleichzeitig dem Feinde unzugänglich machte. Vor der Entdeckung war es nur aus den biblischen Büchern Jesaja, Könige und Chroniken bekannt: «... und wie er den Teich und die Wasserleitung angelegt und das Wasser in die Stadt geleitet hat» (2 Kön 20, 20). «Hiskia war es auch, der den oberen Abfluß des Gischonwassers verstopfte und es nach Westen in die Stadt Davids hinableitete» (2 Chr 32, 30). Die Gischonquelle – am Fuße der östlichen Mauer gelegen – lieferte den Hauptanteil für die Wasserversorgung der Stadt. Der König verschloß die

Gischonhöhle, aus der das Wasser herausfloß, und machte es dadurch für den Feind unzugänglich. Gleichzeitig bohrte er einen Tunnel unter der Mauer, durch welchen das Wasser unter Ausnutzung des Gefälles in ein Sammelbecken oder einen Teich innerhalb der Stadt floß. Es war der Schiloach-Teich.

Die 600 Meter lange «Wasserleitung» ist sehr gut erhalten. 1880 wurde darin eine Inschrift entdeckt, die die Entstehung der unterirdischen Leitung beschreibt. Die Sprache war klassische hebräische Prosa. Ihr Inhalt, Stil und Abfassung zeigten unmißverständlich, daß sie während Hiskias Regierungszeit geschrieben wurde. Nur sechs Zeilen blieben erhalten, aber sie genügten, um zu berichten, wie der Tunnel von zwei Arbeitsgruppen von Bergleuten, die an den gegenüberliegenden Enden begannen, aufeinander hinarbeiteten und sich in der Mitte trafen. Die Schiloach-Inschrift fährt fort: «Als der Tunnel vollendet war, behauten die Häuer den Felsen, ein jeder in Richtung auf seinen Kollegen, Axt gegen Axt; dann floß das Wasser von der Quelle bis zum Teich in einer Strecke von 1200 Ellen, die Höhe des Felsens über den Köpfen der Häuer war 100 Ellen.» Dieses Wunder der Ingenieurkunst des 8. Jahrhunderts vor Christus ist eine der Sehenswürdigkeiten des modernen Jerusalem.

Der hochmütige Verwalter

Eine andere faszinierende Entdeckung wurde vor hundert Jahren gemacht. Nach langer und minutiöser wissenschaftlicher Arbeit in den 1950er Jahren wirft sie ein lebendiges Licht auf Jesaias Schmähschrift gegen die Selbstbeweihräucherung der Reichen und gegen den eitlen und prahlenden Adel: «So sprach der Gebieter, der Herr der Heerscharen: ‹Auf geh zu diesem Verwalter da, Sebna, dem Vorsteher des Palastes und sprich: Was hast du hier..., daß du hier ein Grab für dich aushauen ließest? Da läßt sich der da droben sein Grab aushauen, im Felsen sich eine Ruhestatt meißeln!›» (Jes 22, 15–16).

Der französische Archäologe Clermont-Ganneau entdeckte 1870 ein in den Felsen gemeißeltes Grab im Dorfe Schiloach am östlichen Hang des Kidrontales, etwa 100 Meter südlich des Tempelberges. Über der Tür der Vorderseite befand sich eine eingelassene Platte mit einer dreizeiligen Inschrift in uralten hebräischen Schriftzeichen, rechts von der Tür eine weitere einzeilige Inschrift. Beide Inschriften waren schwer beschädigt; es machte den Anschein, als ob sie mit einem Hammer verstümmelt worden waren; der Einzeiler unwiederbringlich. Der Archäologe schrieb 1899 über die größere Inschrift, daß «das einzige Wort, das ich mit Sicherheit lesen konnte... das Wort ‹Bajit› ist [hebräisch für Haus]». Wenn man annimmt, daß die Inschrift zu einem Grabdenkmal gehörte – Schiloach war die «große Stadt der Toten» –, schrieb er, es käme ihm manchmal vor, es könnte sich um Sebnas Grab handeln, oder um das Grab eines seiner Kollegen, und «ich bildete mir ein, daß ich in der größeren Inschrift den vollständigen Titel ‹ascher al ha'-ba bajit› – nämlich ‹Haushofmeister› – lesen konnte, aber es ist gut, vor diesen überhitzten Hoffnungen auf der Hut zu sein».

Clermont-Ganneau starb, bevor er die notwendigen Beweise sammeln konnte. Es gelang achtzig Jahre nach der Entdeckung Professor Nachman Avigad an der Hebräischen Universität von Jerusalem. Er vermochte beinahe die ganze Inschrift zu entziffern. 1953 veröffentlichte er seine Ergebnisse. Die Übersetzung lautet auszugsweise: «Dies ist [die Grabstätte von...] jahu der über dem Hause steht.» Die Inschrift enthält ferner den üblichen Zusatz, um Grabräuber fernzuhalten: «Hier ist kein Silber und kein Gold... Verflucht sei der Mensch, der dies öffnen wird.»

Natürlich war das Problem, das Geheimnis der fehlenden Buchstaben des Wortes zu lösen, welches mit «jahu» endete, dem Namen des Eigentümers. Avigad beriet sich mit seinem Kollegen Professor Yigael Yadin. Die beiden Archäologen kamen zum Schluß, daß der Inhaber des Grabes wirklich Sebna gewesen war. Der von Jesaja benutzte hebräische Ausdruck des Verwalters «der über dem Hause steht» ist tatsächlich «ascher al ha'bajit». Es gibt in der Bibel sieben Stellen, die diesem Titel das Amt eines königlichen Oberaufsehers zuschreiben. Auf den ersten Blick schien keiner ein passender Kandidat für den verstümmelten Namen auf der Inschrift zu sein. Nur einer kam nahe, mit einem auf «ia» endenden Namen. Es war Obadja, dem Ahabs Palast in Samaria unterstand; er war jedoch im nördlichen Königreich und nicht in Jerusalem beerdigt.

Schließlich konnten die Archäologen zeigen, daß Sebanjahu wahrscheinlich Sebnas voller Name war. In der Bibel und auf uralten hebräischen Siegeln waren zahlreiche mit «a» endende hebräische Namen wie Esra, Acha, Avda familiäre Kurz- oder Kosenamen für Asarjahu, Achijahu, Avadjahu, und die Namen Sebna wie auch Sebania und Sebanjahu finden sich auf einigen Siegeln.

Nun erst erhält diese Stelle im Buche Jesaja Leben. Der Prophet war wütend, wenn er nur daran dachte, daß sich dieser prominente Hofbeamte schon zu seinen Lebzeiten eine pompöse Grabstätte errichten ließ (es gibt Anzeichen dafür, daß sie vielleicht von einer

Hiskia war es auch, der den oberen Abfluß des Gischonwassers verstopfte und es ... in die Stadt Davids hinableitete (2 Chronik 32, 30)

Die Schiloach-Inschrift (unten) beschreibt in klassischer hebräischer Prosa, wie der Wassertunnel Ezechiels von der Gischonquelle her ausgehoben wurde. 1880 entdeckte man diese Tafel im Kidrontal, über welchem das heutige Dorf Schiloach liegt (links).

Pyramide gekrönt war), sowie über dessen Unverschämtheit, sie nicht unterirdisch anzubringen, sondern auf dem Schiloach-Berg, wo sie von allen gesehen werden konnte. Jesaja muß sich jedesmal erneut geärgert haben, wenn er durch das Kidrontal wanderte und dieses monströse «Grab auf der Höhe» sah; das anmaßende Werk eines aufgeblähten Funktionärs, der doch ein Beispiel nüchterner Sachlichkeit in dieser verzweifelten Zeit hätte sein und sich mit den Mißständen des Staates statt mit ruchloser Selbstverherrlichung hätte befassen sollen.

Hiskia befolgte Jesajas politische Ratschläge meistens nicht, so höflich er auch zugehört haben mag. Einer der Gründe dafür war der politische Wandel, welcher das Gebiet während der Anfangszeit seiner Regierung zu überwältigen schien. In diesem Wandel zeichnete sich eine Veränderung des Mächtegleichgewichtes ab; der König wurde von Gedankengängen in Versuchung geführt, Judas Tributpflicht an Assyrien abzuschütteln und die volle Freiheit zurückzuerhalten. Sargon war stark mit Feldzügen im Norden beschäftigt – in Babylonien und Kleinasien. Zur gleichen Zeit waren in Ägypten innere Schwächen durch den energischen äthiopischen König Pianki ausgenutzt worden, der das Land überwältigte. Er verwandelte es in einen Vasallenstaat und errichtete die fünf-

undzwanzigste äthiopische Dynastie. Nun gab es eine Macht im Süden, die befähigt schien, mit der Macht im Norden zu konkurrieren.

Deswegen wurden die dazwischenliegenden und Assyrien tributpflichtigen Länder von Ägypten umworben und zur Rebellion gegen ihren nördlichen Beherrscher ermutigt. Mehrere Philisterstädte – besonders Aschdod – gingen auf die Schmeicheleien des von Äthiopien besetzten Ägypten ein. Es wendete sich auch an Juda. Abgesandte des äthiopischen Königs kamen selbst an Hiskias Hof, boten ihm Hilfe an und luden ihn ein, sich der Rebellion anzuschließen. Wir wissen dies aus Jesaja, Kapitel 18, und aus assyrischen Berichten, die hinzufügen, daß auch an Edom und Moab mit einem ähnlichen Angebot herangetreten wurde.

Hiskia hätte gerne angenommen. Jesaja stemmte sich leidenschaftlich gegen einen solchen Kurs und begann, «halbnackt und barfuß» (Jes 20, 2) in Jerusalem herumzugehen. Damit wollte er das Schicksal derer symbolisieren, die töricht genug waren, Ägypten zu trauen. Bei Hofe gab es offensichtlich auch solche, welche die Ansichten des Sehers teilten, und Juda schloß sich nicht der Revolte an. Aschdod und die ihm benachbarten Städte taten es 713. Zwei Jahre später waren sie zu Schutt und Asche geworden, Assyrien

Hiskia ... legte den Teich und die Wasserleitung an und leitete das Wasser in die Stadt *(2 Könige 20, 20)*

Das Innere des Schiloach-Tunnels, der zur Zeit Jesajas herausgebrochen wurde. Das Wasser der Gischonquelle kam bei starker Flut bis zum Teich an der Stadtmauer Jerusalems.

hatte mit voller Gewalt zugeschlagen. Ägypten hatte den Rebellen nicht geholfen. Sie lieferten sogar den nach Ägypten entkommenen König von Aschdod den Assyrern aus.

Diese Ereignisse scheinen Hiskia geläutert zu haben, denn wir finden ihn jetzt Jesajas (und des zeitgenössischen Propheten Michas) religiösen Appellen gegenüber sehr aufgeschlossen. Er führte radikale religiöse Reformen ein. Im Verlauf der folgenden Jahre richtete er den Tempel her, reinigte ihn und weihte ihn wieder ein, ließ die Götzenbilder abbrechen, die unter der vorigen Regierung geduldet worden waren und erklärte den heidnischen Götzendienst als gesetzeswidrig. Er schickte Sendboten zu den Überlebenden von Israel, damit sie zur Feier des Passahfestes nach Jerusalem kämen, um dadurch die Wiedereinsetzung Jerusalems als nationales Heiligtum aller Israeliten zu symbolisieren. Auf das andauernde Drängen beider Propheten beseitigte er in diesen Jahren auch die gröbsten sozialen Mißstände und wirtschaftlichen Mißbräuche im Staate. Er wird deswegen in den Büchern der Könige und der Chronik für seine Gerechtigkeit gepriesen, und «das Volk ließ sich durch die Worte Hiskias, des Königs von Juda, Mut zusprechen» (2 Chr 32, 8).

Was hast du hier ..., daß du allhier ein Grab für dich aushauen ließest?
Da läßt sich der hoch oben ein Grab aushauen, im Felsen sich eine
Ruhstatt meißeln! *(Jesaja 22, 16)*

Die Grabeshöhlen auf der östlichen Seite des
Kidrontales (links). In dieser Gegend hat der
hochmütige Verwalter zu seinen Lebzeiten ein
prunkvolles Grabmal für sich selber errichtet
(unten), was die Verachtung und den Spott Jesajas
hervorgerufen hatte.

Psychologische Kriegführung

Hiskias politische Ansicht hatte sich jedoch nicht geändert. Als der assyrische Kaiser Sargon 705 vor Christus getötet wurde und sein Sohn Sanherib auf ihn folgte, fand sich dieser prompt in Aufstände mit den Babyloniern und Phöniziern verwickelt. Hiskia entschied sich zu lösen, indem er den Tribut Judas verweigerte. Während also Sanherib im Norden beschäftigt war, bildeten die Länder im Süden eine aufständische Koalition, in der Juda sehr aktiv war. Hiskia schickte sogar Botschafter nach Ägypten, um eine Zusammenarbeit herbeizuführen. Jesaja war bitterlich entrüstet. «Wehe denen, die nach Ägypten um Hilfe ziehen», rief er, «auf Rosse sich verlassen... Aber auf den Heiligen Israels schauten sie nicht, und den *Herrn* befragten sie nicht... Menschen sind die Ägypter, nicht Gott, und ihre Rosse sind Fleisch, nicht Geist» (Jes 31, 1–3). Doch Hiskia hörte nicht auf ihn.

Um 701 hatte sich Sanherib seiner Schwierigkeiten im Norden entledigt und konnte nun gegen seine aufständischen Vasallen im Süden vorgehen. (Zweifellos hatte Hiskia diese Möglichkeit vorausgesehen. Er hatte Jerusalem wahrscheinlich kurz zuvor befestigt und den Schiloach-Tunnel gebaut, wie bereits erwähnt.) Sanherib fegte mit seiner furchterregenden Streitmacht südwärts und verheerte die rebellierenden Staaten. Als er Juda erreichte, begann er systematisch, Judas Siedlungen zu unterwerfen. Die Bibel sagt: «Sanherib, der König von Assyrien, zog gegen alle befestigten Städte und nahm sie» (2 Kön 18, 13 und Jes 36, 1). Sanheribs eigene Berichte behaupten, daß es sechsundvierzig waren. Als seine Streitmacht die Tore Jerusalems erreichte, schickte er seinen Stellvertreter, den Oberfeldherr (den «Rabschake», wie er in der Bibel genannt wird), um Hiskias Unterwerfung zu fordern.

Dann folgt (in 2 Kön 18 und Jes 36) eine faszinierende Geschichte, wie der Oberfeldherr durch eine listige Darbietung von psychologischer Kriegsführung versuchte, Hiskias Entschlossenheit aufzuweichen. Es ist möglich, daß dieses Hilfsmittel deswegen benutzt wurde, weil Sanherib das mittlerweile gut befestigte Jerusalem zuerst und schnell neutralisieren wollte. Die übliche langdauernde Belagerung und Eroberung schien für Sanherib ein Risiko zu sein, weil er vielleicht auch mit den Ägyptern als Gegner rechnen mußte. Auf jeden Fall wird uns erzählt, daß der Oberfeldherr mit seinem Heer «nach Jerusalem kamen..., und sie standen bei der Wasserleitung», «sie ließen den König rufen» (2 Kön 18, 17–18). Hiskia schickte drei seiner Beamten aus den Stadtmauern hinaus. Der

Oberfeldherr sprach sie mit lauter und befehlender Stimme in judäischer Sprache an. Er trug ihnen auf, diese Botschaft von Sanherib an Hiskia zu übermitteln: «Was ist das für ein Vertrauen, das ihr hegt?... Siehe, du vertrautest auf den zerknickten Rohrstab, auf Ägypten, der jedem, der sich darauf stützt, in die Hand dringt und sie durchbohrt... Falls ihr mir nun aber erwidert: Auf den *Herrn*, unsern Gott, vertrauen wir, dann erwägt: Ist nicht gerade er es, dessen Höhenheiligtümer und Altäre Hiskia entfernt hat?» Damit bezog er sich auf Hiskias religiöse Reformen, als dieser die Götzenaltäre hatte entfernen lassen. Dann fragte er, wie Hiskia denken könne, Sanheribs Heer zu widerstehen, wo er doch offensichtlich so schwach sei, daß er von «Ägyptens Kampfwagen und Reitern» abhänge. Und schließlich, verstehe Hiskia denn nicht, daß Sanherib Gottes Wille durchführe? «Außerdem, bin ich etwa ohne Zutun des *Herrn* wider diesen Ort gezogen, um ihn zu verwüsten?» (2 Kön 18, 19–25).

Der Archäologe Yigael Yadin erklärt hierzu, daß der Oberfeldherr versuchte, «den Angriffsgeist der Männer von Jerusalem zu erschüttern, indem er die drei Grundpfeiler unterminierte, auf denen Hiskia seinen Widerstand gründete – Gottes Hilfe; die Unterstützung durch seinen Verbündeten Ägypten; seine eigene Stärke.»

Auf die Spottworte des Assyrers reagierten die Beamten Hiskias sofort: «Rede doch mit deinen Knechten aramäisch; denn wir verstehen es. Rede aber nicht judäisch mit uns vor den Ohren des Volkes, das auf der Mauer steht» (2 Kön 18, 26). Aber das, so sagt Yadin, war genau die Absicht des Oberfeldherrn, nämlich die Verteidiger auf den Mauern direkt anzusprechen, um ihre Zuversicht zu untergraben. Dies geht aus der Antwort des Assyrers klar hervor: «Hat mich mein Gebieter denn nur zu deinem Herrn und zu dir geschickt, um dieses zu sagen, und nicht auch zu den Männern, die auf der Mauer sitzen und schließlich mit euch zusammen ihren eigenen Kot essen und ihren Harn trinken müssen?» (2 Kön 18, 27).

Yigael Yadin fährt fort: «Vielleicht ist dies das erste überlieferte Beispiel von psychologischer Kriegführung, die auf dem Prinzip eines direkten Appells an Heer und Volk über die Köpfe der Führung hinweg beruhte. Heer und Volk sollten zum Sturz ihrer Führer angestiftet werden: für den Fall, daß sie sich weigerten, durch die Androhung strenger Maßnahmen – falls sie sich fügten, mit dem Versprechen eines Paradieses.» Denn der Oberfeldherr sprach noch lauter und erzählte den judäischen Truppen in ihrer eigenen Sprache: «Hiskia soll euch nicht betören; denn er kann euch nicht aus meiner Gewalt retten... Trefft

… da der Oberfeldherr im Auftrag des Assyrerkönigs Sargon nach Aschdod kam, die Stadt belagerte und eroberte … Wehe denen, die nach Ägypten um Hilfe ziehen …! (Jesaja 20, 1; 31, 1)

Diese sitzende Gottheit der Philister in Form eines Steinsitzes wurde in Aschdod gefunden. Als der König von Aschdod in einen Konflikt mit Assyrien gedrängt wurde und Ägypten ihm Hilfe versprochen hatte, riet Jesaja Ezechiel ab, daran teilzunehmen. Aschdod, von den Ägyptern – sie wurden zu jener Zeit von einem äthiopischen König beherrscht – verraten, wurde zerstört.

doch mit mir eine Vereinbarung! Lauft zu mir über! Jeder kann sich dann von seinem Weinstock und seinem Feigenbaum ernähren und von seinem eigenen Zisternenwasser trinken» (2 Kön 18, 29–31).

Es war ein blendender Versuch – aber er mißlang. Es ist zu vermuten, daß sich Hiskia zur Mauer begab und in Hörweite, aber außer Sicht des Abgesandten da unten stand. So konnte er die Absichten des Assyrers schnell erkennen und einen entsprechenden Befehl an seine Männer geben; die Bibel sagt, daß «das Volk schwieg … denn der Befehl des Königs lautete: Ihr sollt ihm nichts entgegnen!» Nichtsdestoweniger war Hiskia selbst sehr verstört, als seine drei Beamten aufs äußerste betroffen zu ihm kamen, «ihre Kleider zerrissen», als ob sie in Trauer seien. Hiskia «zerriß ebenfalls seine Kleider … und begab sich in das Haus des *Herrn*» (2 Kön 18, 36–37; 19, 1). Von dort sandte er nach Jesaja, um dessen Rat zu erfahren.

Dies bedeutete jedoch nicht, daß der König unschlüssig war. Bestimmt war er bereit, den Konflikt auszukämpfen. Jedenfalls muß er gewußt haben, daß er selbst und die Stadt nur kurzfristig geschont würden, selbst dann, wenn er sich ohne Kampf unterwürfe. Tatsächlich war die Lage verzweifelter, als sie je gewesen war. Es ist möglich, daß er auch unter Druck von Ratgebern stand, die Kampfhandlungen ablehnten.

Er mußte also eine Entscheidung fällen; es war die schicksalhafteste Entscheidung seines Lebens. Unter all diesen Umständen wird er die Anhörung der Weisheit des Propheten als nützlich empfunden haben. Aufgrund bisheriger Erfahrungen hätte er annehmen können, von Jesaja den Vorschlag der Unterwerfung zu erhalten – denn Jesaja hatte sich gegen alle seine früheren Revolten ausgesprochen, was sich jeweilen als richtig erwies, sie waren unüberlegt und voreilig. Wahrscheinlich war er überrascht und sehr ermutigt, als Jesaja riet standzuhalten, das Angebot der Unterwerfung abzulehnen und zu kämpfen. «Fürchte dich nicht vor den Hohnreden, die du gehört hast», sprach Jesaja. «In diese Stadt kommt er nicht, schießt keinen Pfeil hinein; er rennt sie nicht an mit dem Schild und gräbt keinen Wall gegen sie. Des Weges, den er kam, wird er abziehen; in diese Stadt dringt er nicht ein! Spruch des Herrn» (2 Kön 19, 6.32–34).

Jesajas Worte waren von entscheidender Wirkung, weil sie Hiskia genau die Zuversicht gaben, die er brauchte. Seine Antwort an Sanherib war Widerstand.

Anderswo siegten die Assyrer. Aber Jerusalem wurde nicht genommen. Die Belagerung wurde abgebrochen, plötzlich, geheimnisvoll. Die Bibel erwähnt zwei Faktoren, welche den unerwarteten Abzug der feindlichen Streitkräfte erklären könnten. Der eine (in 2 Kön 19, 7) war, daß Sanherib Informationen erhielt, deren Inhalt ihn veranlaßte, nach seiner Hauptstadt Ninive zurückzueilen.

[Gewisse Schwierigkeiten im biblischen Text – Kapitel 18 und 19 in 2 Könige und Kapitel 36 bis 39 in Jesaja – lassen es ungeklärt, ob Sanherib zwei Feldzüge gegen Hiskias Juda unternahm oder einen. Die meisten Gelehrten stimmen heute überein, daß nur einer im Jahre 701 stattfand und daß die beiden in der Bibel berichteten besonderen Episoden parallele Darstellungen des gleichen Geschehens sind. Andere halten die Vermutung für annehmbarer, daß Sanherib zweimal zuschlug, einmal 701 und dann etwa im Jahre 688, und daß es im zweiten Feldzug zur Belagerung Jerusalems und zu Jesajas schicksalhafter Intervention kam. Sie stützen sich dabei auf den biblischen Text im Zusammenhang mit dem, was aus zeitgenössischen Berichten über die militärische und politische Lage in diesem Gebiet bekannt ist. Wir sind der «Ein-Feldzug»-Schule gefolgt. Im Hinblick auf Jesajas Einfluß ist es aber ohne Bedeutung, welche Version die richtige ist, denn es kommt auf Jesajas ratgebende Worte an, ob er diese nun 701 oder 688 äußerte.]

Jesajas entscheidender Rat

Während all der Jahre unter assyrischer Gefahr rief Jesaja König und Volk auf, sich von ihrer gottlosen und unmoralischen Lebensführung abzuwenden. Er warnte vor der Katastrophe, die eintreten würde, sofern sie dem nicht Folge leisteten. Assyrien würde dann als Werkzeug göttlicher Vergeltung dienen. «...Der Stab meines Zornes und die Rute meines Grimmes» (Jes 10, 5) würden gegen sie geschickt werden. Juda hatte unter der Hand dieser nördlichen Macht wirklich sehr gelitten. Warum also änderte Jesaja seine Taktik auf dem Höhepunkt der Verwicklung? Der Grund ist, daß seine Lehren und seine Anleitung, seine Worte der Erleuchtung und Ermahnung Wurzel geschlagen hatten. Hiskia war erwachsener, weiser und frömmer, als er es bei seiner Thronbesteigung war; außerdem war Juda eine gerechtere und frömmere Gesellschaft geworden. Assyrien hatte mit seinem unstillbaren Appetit auf Eroberungen angefangen, sich einem Wahn überspannter Unverschämtheit und Stolzes hinzugeben, und Jesaja glaubte, daß dasselbe Instrument, das zur Heimsuchung Judas benutzt worden war, nunmehr an den Wällen seines früheren Opfers vernichtet werden würde. «Dies ist nun der Spruch», sagte Jesaja, «den der *Herr* über ihn [Sanherib] verkündet hat... Weil du tobtest gegen mich, dein Lärmen mir zu Ohren drang, darum ziehe meinen Ring um die Nase, meinen Zaum in deine Lippen und bringe dich zurück auf den Weg, den du kamst!» (2 Kön 19, 28).

Indem er so gegen Assyrien sprach, war Jesaja nicht nur am Schicksal Jerusalems gelegen, sondern auch am Wohlergehen aller, die unter Imperialismus litten. Professor Mosche Weinfeld betont, daß Jesaja der erste Mann in der Geschichte war, der gegen den Imperialismus protestierte. Mittels einer glänzenden Kombination von Gelehrsamkeit und Scharfblick zeigt Dr. Weinfeld (in einer demnächst zur Veröffentlichung gelangenden Studie), daß Jesaja sich oft derselben Themen und Ausdrücke bediente, wie sie die imperialistischen Tyrannen zu ihrer Selbstverherrlichung benutzten, und er wendete sie gegen diese an. Wir kennen diese Ausdrücke aus den uralten Annalen von Assyrien und Babylonien. Umfangreiche geschichtliche Berichte und Bauwerke sind uns aus Sanheribs Regentschaft (705–681 vor Christus) überliefert, «der großartige König, König des Universums, König von Assur». In einer der Inschriften, die dem Andenken an die Vollendung des Baues eines Waffenarsenals in der Nähe seines großen Palastes bei Ninive gewidmet war, prahlt Sanherib: «Ich habe den Befehl an die Kö-

151

«O Herr ... Höre alle Drohworte Sanheribs, die er übermittelt hat, den lebendigen Gott zu verhöhnen!» *(Jesaja 37, 17)*

Ausschnitt aus der Wandtäfelung im Palaste Sanheribs, des assyrischen Königs in Ninive. Dargestellt ist, wie ihm seine Offiziere nach der Zerstörung von Lachisch Gefangene vorführen. Der König versuchte damals auch, Jerusalem zu erobern, indem er Ezechiel die Übergabe der Stadt nahelegte. Aber Ezechiel hörte auf Jesaja und weigerte sich, worauf die Assyrer abzogen.

nige von Amurru geschickt, all denen, die sich mir unterworfen haben (wörtlich: zu meinen Füßen). Sie fällten gewaltige Zedernbaumstämme und versahen damit (meinen Palast) mit einem Dach. Türflügel aus Zypressenholz bedeckte ich mit Bronzeblech und montierte sie in die Türfüllungen ...»

Es macht den Anschein, daß Jesaja aus einer solchen Inschrift mit ihrem Hinweis auf «Zedernstämme» und «Zypressenholz» direkt zitiert, wenn er ruft: «...Du hast gesagt: ‹Mit meiner Wagenmenge erklomm ich die Höhen der Berge, des Libanons entlegensten Teil. Seine ragenden Zedern hab' ich gefällt, die schönsten seiner Zypressen›» (Jes 37, 24). Oder wiederum, als er den Tag des Zusammenbruches des Reiches betrachtet, sagt Jesaja: «...wie ist der Bedränger so still geworden... Zerbrochen hat der *Herr* der Ruchlosen Stock, der Herrschenden Zepter! Nationen schlug er im Grimm mit unaufhörlichem Schlag, Völker bezwang er im Zorn mit unablässigem Zwang. Nun ruht und rastet die ganze Welt, in Jubelruf bricht man aus. Selbst die Zypressen freuen sich deinetwegen und die Zedern des Libanon: ‹Seitdem du dich schlafen gelegt, steigt niemand herauf, uns zu fällen!›» (Jes 14, 4–8).

Jesaja war natürlich im Bilde über den Reichtum Sargons, des Vaters von Sanherib. Man wußte vor allem

… darum ziehe ich dir durch die Nase meinen Ring, zwischen deine Lippen meinen Zaum (Jesaja 37, 29)

In seiner klassischen Redensart gegen den Imperialismus sagte Jeremia den Sturz Sanheribs und den Zusammenbruch des assyrischen Reiches voraus.

von den vier getäfelten Salons im Palast, den Sargon in Dur-Scharrukin (heute Chorsabad) erbauen ließ. Auf einer dieser Tafelinschriften – bekannt als «Schaustellungs-Inschrift» – ist der Bericht über die Ereignisse der ersten fünfzehn Jahre seiner Regierung zu lesen. In ihr prahlt «Sargon, der großartige König, der mächtige König, König des Universums, König von Assur, Vizekönig von Babylonien, König von Sumer und Akkad» über seine kaiserliche Macht: «Ich habe alle Feindesländer wie Töpfe zerschlagen und habe die vier Regionen (der Erde) in Bande geschlagen. Ich habe mächtige Gebirge erschlossen, deren Pässe schwierig und zahllos waren, und ich habe ihre Fährten ausgekundschaftet. Mit Gewalt rückte ich über unzugängliche Pfade (in) steile und furchterregende Gegenden, ich überquerte alle (Arten von) Ebenen.» Dann folgt eine Liste von all den Ländern, die er überwältigt hatte. Er endet: «All diese brachte ich unter meine Gewalt, über sie setzte ich meine Beamten und Gouverneure, das Joch meiner Oberherrschaft habe ich ihnen auferlegt.»
Jesaja reagierte auf genau diese Art von Selbstverherrlichung und auf das Phänomen «Imperialismus», wenn er sagt, daß der *Herr* «bestrafen wird das anmaßende Prahlen des Königs von Assyrien, und seinen Hochmut… Denn er spricht: ‹Mit der Stärke meiner

Hand habe ich es geschafft... Ich tilgte die Grenzen der Völker und plünderte ihre Schätze, und ich stieß hinab wie ein Bulle die Thronenden! Und wie nach dem Neste griff meine Hand nach dem Reichtum der Völker; wie man verlassene Eier sammelt, so sammelte ich die ganze Erde ein...›» Aber, so sagt Jesaja, «anstelle seiner Pracht lodert ein Brand wie Feuersglut» (Jes 10, 12–16).

Jesaja war Zeitgenosse von Sargon und Sanherib; es ist anzunehmen, daß er den Erzählungen von Reisenden des Mittelostens gelauscht hat, welche die von diesen Monarchen errichteten Bauten gesehen und ihm wahrscheinlich den Text der «Schaustellungs-Inschriften» übermittelt hatten. Durch die Wahrnehmung von Dr. Weinfeld können wir nunmehr ein direktes Bindeglied zwischen den Texten der Kaiser und Jesajas Tiraden gegen den Imperialismus erkennen. Auch hat Weinfeld aufgezeigt, daß Jesaja oft direkt aus der Prahlerei der Imperialisten zitiert, was mit seiner Äußerung: «Denn er spricht» (Jes 10, 13), beginnt – «er» bedeutet der Herrscher; oder, indem er den Tyrannen direkt anspricht: «du freilich dachtest in deinem Herzen: ... über den Sternen Gottes erhebe ich meinen Thron» (Jes 14, 13). Oder von Sanherib: «Du dachtest dir» (Jes 37, 24), als Einleitung zu des Kaisers eitel-erhabenen Erklärungen.

Diese von Jesaja mit solcher Kraft und Beredsamkeit geäußerten Proteste gegen den Imperialismus gehen parallel mit des Propheten Idee – er war der erste, der dies äußerte – von einer Welt, die nicht durch physische imperialistische Macht beherrscht werden würde, sondern durch den Geist, eine Welt des universalen Friedens, «des Geistes, der Weisheit und des Verstandes», in der die Nationen Entscheidungen freiwillig annehmen und nicht durch das Schwert oder die Peitsche überredet werden, sondern «...durch den Mund» und «...den Hauch seiner Lippen» (Jes 11, 2–4).

Jerusalem wurde nicht eingenommen, die Errettung als ein göttliches Wunder gefeiert. Sein Überleben gegen einen so mächtigen Feind, als einzige Festungsstadt, die noch stand, während alle anderen am Wege des Eroberers geschleift worden waren, gab Jerusalem einen besonderen mystischen Ruf. Nur hier wurden die Assyrer aufgehalten. Der Tempel war intakt. Im entscheidenden Augenblick hatten die Worte von Jesaja, dem Gottesmann, in das Schicksal eingegriffen und die Stadt gerettet. Das Gefühl breitete sich aus, daß Jerusalem unverletzlich war. Im physischen Sinne sollte diese Grundmeinung etwa hundert Jahre später einen tragischen Stoß erhalten. Im geistigen Sinne – Jerusalem im Herzen eines jeden Juden –

… Ninive, die große Stadt, in der über 120000 Menschen leben, die zwischen rechts und links nicht unterscheiden können … (Jona 4, 11)

Nimrods Paläste in Ninive, der alten Hauptstadt des assyrischen Reiches am östlichen Tigris-Ufer, gegenüber dem heutigen Mosul. Rekonstruktion von James Ferguson.

blieb sie bis zum heutigen Tage lebendig. Jesajas staunenswerter Einfluß half, Jerusalems Vorherrschaft als Mittelpunkt der hebräischen Nation aufrechtzuerhalten.

Bibelgelehrte waren lange Zeit vom Unterschied in Ton und Inhalt zwischen den frühen und den späteren Kapiteln des Buches Jesaja verblüfft. Der erste Teil behandelt Ereignisse des späten 8. und den Anfang des 7. Jahrhunderts vor Christus; der Stil ist eher scharf. Der zweite Teil bezieht sich eindeutig auf die Zeit nach der Eroberung von Jerusalem, und der Stil ist vornehmer. Moderne Gelehrte neigen zur Auffassung, daß von seinen 66 Kapiteln die ersten 36 unmißverständlich die authentische Stimme des Propheten des 8. Jahrhunderts seien. Die Kapitel 36 bis 39 entsprechen den Kapiteln 18 bis 20 vom zweiten Buch der Könige und werden als Jesajas Worte angesehen, so wie sie von seinen Jüngern aufgezeichnet wurden. Auf Jesaja wird in der dritten Person Bezug genommen. In den Kapiteln 40–66 wird eine neuartige Ausdrucksweise angestimmt, zum Beispiel in den einführenden Zeilen des Kapitels 40: «Tröstet, ja tröstet mein Volk, spricht euer Gott. Redet Jerusalem zu Herzen…» Dazu wird gesagt, es sei die Arbeit eines Propheten des 6. Jahrhunderts, der geistig und in der Kraft der Gedanken und Ausdrucksweise Jesaja na-

Selbst die Zypressen freuen sich deinetwegen ...: «Seitdem du dich schlafen gelegt, steigt niemand herauf, uns zu fällen!» (Jesaja 14, 8)

Sargon II. (links), König von Assyrien und Vater Sanheribs. Er besiegte 722 v. Chr. Samaria. Sein Haupt wurde bei Ausgrabungen in seinem Palast in Dur-Scharrukin (Sargons Stadt), dem heutigen Chorsabad, gefunden. Sanherib war stolz darauf, den besiegten Königen zu befehlen, sie sollten die Zypressen (rechts) fällen und nach Ninive schleppen, wo daraus Palasttüren verfertigt wurden.

hestand, der seine Mitjuden nicht in ihrem eigenen Staate, sondern im babylonischen Exil ansprach. Er tröstete sie in ihrer Notlage und drängte sie, ihre Identität und ihren Glauben zu bewahren, und bot ihnen die Hoffnung ihrer Rückkehr an. Er könnte sogar in den Tagen des Cyrus Zeuge ihrer Rückkehr nach Jerusalem und Juda gewesen sein. Konservative Gelehrte verharren jedoch bei der Ansicht, daß das ganze Buch das Werk des einzigen Jesaja des 8. Jahrhunderts sei und daß die späteren Kapitel die Extrapolation der Vision des Propheten in die Zukunft sind.

6 Erhalter des Glaubens

Verderben, Verderben. Das war das am meisten verwendete Wort bei den Propheten am Ende des 7. Jahrhunderts vor Christus. Keiner drückte diese Warnung mit größerer Gleichmäßigkeit und schärferer Dringlichkeit aus als Jeremia, der Mann, der Jesaja in Format und Einfluß am nächsten kam. Er wird von vielen als Jesaja ebenbürtig angesehen. Ihre geistige Ähnlichkeit ist auffallend – poetisches Genie, Voraussicht, Leidenschaft, Mut, Lauterkeit. Beide hatten entscheidenden Einfluß auf die Zukunft ihres Volkes. Beide zogen gegen Heidentum und Ungerechtigkeit aus und warnten vor Katastrophen, wenn sie nicht zur Rechtschaffenheit zurückkehrten. Beide waren tief in die turbulenten politischen und militärischen Ereignisse ihrer Zeit verwickelt und drückten ihre Meinung über die Monarchie klar aus. Beide waren die überragenden Geister ihrer Tage in Jerusalem. Das öffentliche Wirken eines jeden umfaßte ein halbes Jahrhundert. Jedoch unterschied sich Jeremias Lebensverlauf von demjenigen des früheren Propheten und in gewissen Bereichen auch die Art seiner Äußerungen. Jesaja litt innerlich wegen der Ungleichheiten, denen er begegnete. Aber er wurde nicht schlecht behandelt und wurde sogar von seinen Widersachern respektiert. Jeremia litt nicht nur unter einer beinahe chronischen Kränkung seiner Seele, sondern fühlte sich auch zurückgestoßen. Er wurde verhöhnt, bedroht, ins Gefängnis geworfen. Was ihre Lehren betraf, warnte Jesaja vor Strafe. Er glaubte aber, daß Jerusalem und die Nation dem endgültigen Untergang entweichen könnten, und stellte sich eine wunderbare Gesellschaftsordnung vor, sobald das Volk zu Gott zurückgefunden habe. Jeremia lebte mit den unaufhörlichen Vorboten des physischen Unterganges: Jerusalem wird nicht gerettet und die Nation ins Exil getrieben werden, obwohl auch er glaubte, daß sie zurückkehren könnten, sofern sie den Geist ihres Glaubens lebendig erhalten würden. Im Zeitpunkt der schlimmsten Krise drängte Jesaja auf Widerstand, und man folgte ihm. In einer vergleichbaren Lage, obwohl zugegebenerweise der Feinddruck stärker war, hielt Jeremia Widerstand für nutzlos und befürwortete eine Verzögerungstaktik; man hörte jedoch nicht auf ihn. Jesaja konnte ein ereignisvolles Leben im zufriedenen Bewußtsein beenden, daß die Nation und ihr Zentrum vor Zerstörung bewahrt blieben. Jeremia erlebte die Zerstörung Jerusalems, sein Leben war Sorge von Anfang bis zum Ende.

Politische Umwälzung

Die Unterschiede zwischen den beiden prophetischen Riesen reflektieren die Wandlungen der Verhältnisse im Juda von Jeremia gegenüber jenen im Juda von Jesaja. Während der dazwischenliegenden Jahre gab es heftige, durch den Zusammenstoß von Kaiserreichen ausgelöste Umwälzungen in der Region, welche die viel düstere Epoche schmiedeten, in der Jeremia und seine prophetischen Zeitgenossen ihre dunklen Verkündungen zum Ausdruck brachten.

Jesaja starb etwa zur gleichen Zeit wie König Hiskia (687 vor Christus) in einem Triumph des Widerstandes gegen die Assyrer. Aber es war zu erwarten, daß die Assyrer reagieren würden, sobald sie sich dazu imstande fühlten. Ihre Macht näherte sich nun dem Höhepunkt. Ohne Zweifel sah sich Hiskias Sohn Manasse (687–642) deswegen veranlaßt, seines Vaters Widerstandspolitik zu verwerfen. Während seiner ganzen Regierungszeit verblieb Juda ein passiver Vasall, wodurch das religiöse Leben Judas offensichtlich beeinflußt wurde: Anerkennung der assyrischen Götter, die Einführung von Götzenverehrung und heidnischen Sitten sogar im Tempel sowie die Preisgabe von Hiskias Reformen. Manasses Sohn Amon (642–640) folgte dieser fügsamen Politik. Nach einer Herrschaft von nur zwei Jahren ist er, möglicherweise von antiassyrischen Elementen im Königreich, ermordet worden, und sein junger Sohn Josia (640–609) wurde zum König gekrönt. Unter seiner Herrschaft begann sich das Glück zugunsten Judas zu wenden, denn schon einige Jahre nach seiner Thronbesteigung begann Assyriens Niedergang. Deren machtvolles Reich war zu weit ausgedehnt. Seitdem es mehr und mehr Schwierigkeiten durch ein aufständisches Babylonien und durch ein wiederbelebtes Ägypten gab, konnte es über die dazwischenliegende Gebiete keine strikte Kontrolle mehr ausüben.

Wieder einmal war Juda frei. Josia nutzte Assyriens Schwäche, marschierte nach Norden und nahm die assyrischen Provinzen in Besitz, die früher das Königreich Israel gebildet hatten. Sein bemerkenswertester Schritt war jedoch das Verbot der assyrischen und übrigen heidnischen Gottheiten. Dieser Akt war symbolisch für das Abschütteln des kaiserlichen Joches, als Teil einer religiösen Umwälzung, die noch durchgreifender als jene von Hiskia war. Diese Reform wurde von den mächtigen Worten von Zefanja und Jeremia angespornt. Zusätzlichen Auftrieb erhielten sie durch die Entdeckung einer heiligen «Gesetzesrolle» (2 Kön 22, 8) oder eines «Bundesbuches» (2 Kön 23, 2) im Tempel, während dieser gereinigt, repariert und er-

*Worte des Jeremia ... aus Anatot ... «Sie werden gegen dich kämpfen,
aber sie bezwingen dich nicht; denn ich bin bei dir, dich zu retten»*
(Jeremia 1, 1.19)

Das Dorf Anatot (links) nördlich von Jerusalem ist
der Geburtsort des Propheten Jeremia. Auf dem
großen biblischen Gemälde Rembrandts (unten) aus
dem 17. Jahrhundert ist Jeremia dargestellt, der die
Zerstörung Jerusalems vorausgesagt hat.

«*Weh dem, der sein Haus mit Unrecht baut ...*» *(Jeremia 22, 13)*

Geschmücktes Kapitell der Palastzitadelle
(unten), die bei den archäologischen
Ausgrabungen in Ramat Rahel (links) am Rande
Jerusalems gefunden wurden. Man glaubt, sie sei
von Zwangsarbeitern unter König Jojakim
gebaut worden, was Jeremia zu seinem ersten
Zornesausbruch gereizt hatte.

neuert wurde. Die Gelehrten stimmen überein, daß dieses eine Form des biblischen Buches Deuteronomium war. Der König war durch die ernsten Warnungen gegen die Vernachlässigung dieser Gesetze überwältigt. Daher ergriff er dringende Maßnahmen zur Erfüllung ihrer Gebote. Er untersagte alle heidnischen Altäre in Juda, schloß die ländlichen Heiligtümer und zentralisierte die nationale Gottesverehrung in Jerusalem. Beim nächsten Pilgerfest, dem Passah, kamen die Bewohner Judas und Israels nach Jerusalem, um es zu feiern. Es wurde «nach dem Worte» begangen, «das der *Herr* durch Moses gesprochen hat»; ein Passah dieser Art war in Israel seit der Zeit des Propheten Samuel nicht mehr abgehalten worden. «Kein König in Israel hatte ein solches Passah veranstaltet, wie es Josia mit den Priestern und Leviten, mit ganz Juda und Israel, soweit es sich eingefunden hatte, und mit den Bewohnern Jerusalems feierte» (2 Chr 35, 6.18).

Natürlich gab es auch politische Aspekte für Josias religiöse Reformen. Sie bedeuteten eine greifbare Demonstration der Unabhängigkeit von Assyrien. Die zentralisierte Anbetung im Tempel zu Jerusalem unterstrich die Wiedervereinigung der hebräischen Völker, Israel und Juda, wie zur Zeit Davids. Gewiß fand Josias politische Ermutigung in der augenscheinli-

… gehe hinaus zum Tal Ben-Hinnom… Sprich: «Höret das Wort des Herrn, ihr Könige von Juda und ihr Bewohner Jerusalems!» *(Jeremia 19, 2–3)*

chen Bestätigung des vom *Herrn* an David gegebenen Versprechens, daß *Er* Jerusalem, Zion, als *Seinen* Wohnort gewählt habe und daß Davids Dynastie nicht unterbrochen würde. Jeder nachfolgende König könnte sich des göttlichen Schutzes erfreuen. (Judas Könige gehörten immer der davidischen Linie an.) Der grundlegende Anstoß für die Reformen aber war religiöser Art. Die Basis dafür wurde von Zefanja und Jeremia bereitet, obwohl diese wegen einiger politischer Implikationen Vorbehalte gehegt haben könnten.

Der Prophet Zefanja war einige Jahre älter als Jeremia und steht mehr in der Tradition Jesajas. Er lehnte die Abgötterei und Ungerechtigkeit ab, die unter Manasse und Amos blühten. Er lehnte sich auf gegen «Richter… Wölfe am Abend, die nichts auf den Morgen sparen», gegen die «Propheten, die eitle Schwätzer, Männer des Treubruches» sind, und gegen die «Priester, die das Heilige entweihen» (Zef 3, 3–4). Auch gegen die «Beamten und des Königs Sohn und alle, die sich mit fremder Kleidung zieren». Mit Reue aber und nach einem Läuterungsprozeß göttlichen Urteils glaubte er wie Jesaja, daß ein gerechter Kern verbleiben werde: «Ich lasse in deiner Mitte nur noch ein demütiges bescheidenes Volk übrig. Sie verüben kein Unrecht, reden keine Unwahrheit… und beim

Das Hinnom-Tal im Süden von Jerusalem. Hier schlug Jeremia einen irdenen Wagen zusammen, um die bevorstehende Zerstörung Jerusalems darzustellen.

Babel war in der Hand des Herrn ein goldener Becher, der die ganze Erde berauschte. Völker tranken von seinem Wein, darum kamen von Sinnen die Völker (Jeremia 51, 7)

Eine Rekonstruktion der alten Stadt Babylon zur Zeit Nebukadnezars, der Jerusalem und den Tempel zerstörte. Ein königlicher Umzug bewegt sich vom Ischtar-Tor zum Palast. Die Hängenden Gärten von Babylon kann man auf dem Dach des Palastes erkennen (oben rechts) und den Turm von Babel weiter hinten.

Namen des *Herrn* wird Zuflucht finden der Rest Israels» (Zef 3, 12–13).

Jeremias Kummer

Das Buch Zefanja gibt keine Auskunft über die Herkunft des Propheten. Von Jeremia wissen wir jedoch, daß er im letzten Teil der Regierungszeit von Manasse in dem Dorf Anatot, etwa fünf Kilometer östlich von Jerusalem, geboren wurde. Er kam aus einer Priesterfamilie, die ihre Abstammung wahrscheinlich auf Abjatar zurückführen konnte, der zu Davids Zeiten Priester war und der ebenfalls in Anatot wohnte. Durch diesen zurück konnte die Linie zum Hohenpriester Eli von Silo weiterverfolgt werden. Damit kann erklärt werden, daß er in der ältesten israelitischen Tradition erzogen wurde und daß alle seine Lehren von der überzeugenden Notwendigkeit inspiriert sind, die Nation habe sich dem Mosaischen Bund gemäß zu verhalten. Deswegen begrüßt er die Entdeckung der «Bundesbücher». Josias Anstrengungen, deren Verpflichtungen wieder in Kraft zu setzen, bereiteten ihm zweifellos die einzige Freude, die ihm je widerfahren sollte. Josia wird mit besonderem Lob als ein Mann erwähnt, der «Recht und Gerechtigkeit übte; er ver-

Da nahm der Prophet Hananja das Jochholz vom Nacken des Propheten Jeremia und brach es entzwei *(Jeremia 28, 10)*

Wie ein Ochse unter dem Joch vor dem Pflug, schirrte sich Jeremia in Riemen und Jochbogen, um zu zeigen, daß eine zeitlich begrenzte Unterwerfung unter Babylon besser sei als eine zur eigenen Vernichtung führende Revolution.

trat des Armen und des Elenden Recht; da war es gut» (Jer 22, 15–16). Auch fanden des Königs Maßnahmen Beifall, um die religiöse und politische Wiedervereinigung von Israel und Juda zu erreichen. Er begrüßte «den Tag, da rufen Wächter auf Ephraims Bergland: ‹Auf, zum Zion lasset uns wallen, zum *Herrn,* unserem Gott!›» (Jer 31, 6). Später sollte er die Hoffnung verlieren, daß Zion den nächsten kaiserlichen Ansturm trotz des göttlichen Versprechens an David überleben würde, weil dieses Versprechen zur Bedingung hatte, daß das Volk seiner früheren Verpflichtung unter dem Mosaischen Bund nachkam.

Während der Regierungszeit von Jojakim, einem Sohne Josias, hatte das politische Gefüge in der Region eine gewaltsame Änderung durchgemacht. Der gequälte Jeremia – sein Herz war durch Enttäuschungen schwer – machte Verkündungen über seine Vorahnung des Unterganges. Judas Schicksalsrad hatte sich eine volle Umdrehung gedreht. Josia war 609 in einer Schlacht gegen die Ägypter bei Megiddo gefallen. Während der drei vorangegangenen Jahre erlitt Assyrien eine Reihe von zerstörenden Schlägen durch Babylon. Zuerst verlor es die Hauptstadt Ninive, dann Haran, wohin die Regierung geflohen war. Der andere Aasgeier, der über dem sterbenden Kaiserreich Assyrien schwebte, war Ägypten. Durch die Sie-

ge des gegnerischen Kämpfers alarmiert, entschied sich Ägypten aber, die um eine Atempause ringenden Assyrer zu unterstützen und dafür die Babylonier aus Haran zu vertreiben. Daher rückte eine große Streitmacht unter Pharao Necho II. nach Norden vor, um sich dem neuen assyrischen Verbündeten bei Karkemisch am Euphrat anzuschließen. Hier griff nun Josia ein. Ein ägyptisch-assyrischer Sieg würde dem aufsteigenden Ägypten freie Hand auch in dieser Region verschaffen, während er, der das assyrische Joch abgeschüttelt hatte, zum Untertan Ägyptens würde. Der militärische Zusammenstoß fand bei Megiddo statt. Juda wurde von den Ägyptern geschlagen und der tote Josia in seinem Streitwagen nach Jerusalem zurückgebracht. (Archäologische Ausgrabungen bei Megiddo zeigten, daß es zu jener Zeit zerstört wurde.) Der Pharao zog weiter nach Norden in die Euphratgebiete. Obwohl sein Angriff auf die Babylonier fehlschlug, konnte er die dazwischen liegenden Länder unter seine Kontrolle bringen. Juda war eines von diesen. Drei Monate nach Josias Tode wurde sein Sohn und Nachfolger Joachas in das nördliche Hauptquartier des Pharaos befohlen und nach Ägypten deportiert. An seiner Statt wurde sein Bruder Jojakim (609–598) als ein Vasall Ägyptens gekrönt.

Der Schock war für Judas Volk vernichtend. Weil die

von Josia gewonnene Unabhängigkeit verloren war, setzte eine Reaktion gegen dessen religiöse Reformen ein, denn diese hatten das Königreich nicht gerettet. Der schwache Jojakim duldete das Verfallen. Durch Jeremia ist offenbar, daß eine Rückkehr zu Heidentum und lockeren Sitten stattfand. Gleichzeitig behaupteten jene, die zu Josias Zeiten Gegner der Reformen gewesen waren, die Umkehr zum früheren Mosaischen Bund wäre ein Fehler gewesen, weil dieser durch das Versprechen des *Herrn* an David überholt war; Jerusalem und der Tempel würden geschützt werden. Genau diese allgemeine Illusion versuchte Jeremia zu zerstören. Er argumentierte mit heftigen Worten, daß weder der Tempel noch Jerusalem, noch sie selbst gerettet würden, wenn sie auf ihrer verzerrten Theologie bestünden.

Jojakim war eine Katastrophe. Jeremias unverhohlene Angriffe forderten königliche Vergeltungsmaßnahmen heraus. Aber diese hielten den Propheten nicht ab. Besonders scharf war er, als sich der König, der offensichtlich mehr an seinen Komfort als an das Wohlergehen seiner Untertanen dachte, entschied, mittels Zwangsarbeit für sich eine neue Palastzitadelle erbauen zu lassen. «Weh dem, der sein Haus mit Unrecht baut», rief Jeremia, «seine Obergemächer mit Rechtlosigkeit, der seinen Nächsten umsonst sich

mühen läßt und seinen Lohn vorenthält, der spricht: ‹Ich baue mir ein geräumiges Haus...›» (Jer 22, 13–14).

Jeremia stand oft im Tempelhof und sprach die Gläubigen an. Er klagte das religiöse und königliche Establishment öffentlich an. Bei einer Gelegenheit «schlug der Hauptpriester den Propheten Jeremia und brachte ihn in die Zwangsklötze, die im oberen benjaminischen Tor des Hauses des *Herrn* waren». Aber er wurde am nächsten Tag unbußfertig entlassen. Bei einer anderen Gelegenheit hatte er die Öffentlichkeit davor gewarnt, daß ein lasterhaftes Jerusalem zerstört würde, genauso wie Gott etwa 450 Jahre früher die Stadt des Heiligtums Silo zerstört hatte. Er entkam nur knapp der Todesstrafe. (Ein frommer Priester, der ähnliche Warnungen verbreitete, war nicht so glückhaft.) Gelegentlich machte er symbolische Vorführungen – wie im Alten Orient üblich –: Diesmal nahm er ein Tongeschirr vor einer Versammlung im Jerusalemer Hinnomtal, zerschmetterte es am Boden und rief aus: «Spruch des *Herrn:* ‹So will ich dieses Volk brechen und diese Stadt, wie man ein Geschirr zerschmettert!›»

Der Vorabend des Unglücks

Im Jahre 605 bereiteten die Babylonier unter Nebukadnezar den Ägyptern eine vernichtende Niederlage und errangen bald die Kontrolle über die Länder des früheren assyrischen Reiches, einschließlich den seit kurzem Ägypten tributpflichtigen. Innerhalb zweier Jahre wurde Juda zum Vasallen Babyloniens, wieder einmal der Untertan eines nördlichen mesopotamischen Reiches. Nach einer unentschiedenen Schlacht gegen die Ägypter im Jahre 601 kehrte Nebukadnezar jedoch nach Norden zurück, um seine Streitkräfte zu reorganisieren. Von Ägypten angestiftet, ergriffen einige seiner Vasallen die Gelegenheit, sich aufzulehnen. Juda war einer von ihnen.

Jeremia und andere hatten den König gedrängt, diesen Schritt nicht zu tun. Gewiß, der Prophet drückte seine Ansichten in religiöser Weise aus, aber sie beruhten eindeutig auf einer klugen Bewertung der politischen und militärischen Lage. In seiner Abschätzung der Stärken der rivalisierenden Reiche war Jeremia zum Schluß gekommen, daß Babylonien stark im Aufstieg begriffen war, daß die Schlacht an der ägyptischen Grenze nichts bewiesen hatte, daß Nebukadnezar bald zurückkehren, Ägypten bezwingen und sich an all denen, die sich gegen ihn aufgelehnt hatten,

rächen würde. Deshalb war es gefährlich, auf Ägyptens Schmeicheleien zu hören. Natürlich wollte er die Unabhängigkeit ebensosehr wie Jojakim. Aber die Zeit war noch nicht reif dafür. Babylonien würde sich einmal übernehmen. Dann wäre die Zeit zum Losschlagen, jetzt aber noch nicht. In seinem prophetischen Stil bekräftigte Jeremia, daß Babylonien, wie Assyrien zu Jesajas Zeit, als Instrument göttlicher Bestrafung gegen die Sünden Judas benutzt würde. Schließlich aber sollte es doch gebrochen werden: Nebukadnezar «fraß mich ... rieb mich auf ... verschlang mich ... hat sich den Bauch angefüllt» (Jer 51, 34). Er sollte gezwungen werden, seine Erwerbungen wieder auszuspeien, und «wilde Tiere werden mit Hyänen in Babel wohnen» (Jer 50, 39).

Jojakim bewertete die Lage anders und wies Jeremias Rat zurück. Damals wie jetzt bedeutete eine törichte Entscheidung in einem kritischen Augenblick Überleben oder Zerstörung, besonders dann, wenn kleine Länder sich zwischen rivalisierenden Mächten befanden. Die Entscheidung des Königs erwies sich als unbesonnen. Um 598 marschierte Nebukadnezar erneut südwärts. Als er Jerusalem erreichte, war Jojakim tot. (Möglicherweise von denjenigen ermordet, die hofften, den babylonischen Zorn zu mildern und sich so einer weniger strengen Behandlung zu versichern.)

175

Keine Hilfe war aus Ägypten gekommen. Auf Jojakim folgte dessen Teenager-Sohn Jojachin, der die Stadt übergab und mit der Mutter des Königs, dem königlichen Haushalt, führenden Bürgern (einschließlich des Propheten Ezechiel), Armeeoffizieren, Technikern, Handwerkern, zu Tausenden und mit viel Beute nach Babylonien gebracht wurde. Anstelle von Jojachin setzten die Babylonier dessen Onkel Zidkia (597–586) auf den Thron, ein Bruder Jojakims. Dieser tragische junge Mann hatte zwar gute Absichten, war aber schwach. Er sollte die Nation in ihrer schlimmsten Stunde und zu einer Zeit führen, als ein aufrechter, erfahrener und kühner Führer gebraucht wurde. Zidkia fand sich zwischen den entgegengesetzten Stimmungen und Meinungen seiner Beamten und der Öffentlichkeit hin- und hergerissen. Der Geist der Revolte war noch wach. Die Mehrheit fühlte, daß Jojachin – obwohl im Exil – der rechtmäßige König war und mit den andern Gefangenen zurückkehren würde. Dies wurde von der offiziellen Priesterschaft proklamiert, die glaubte, daß der Nachfahre Davids durch göttlichen Eingriff gerettet würde. Außerdem hatte Juda Land verloren. Einige seiner Städte waren verwüstet, andere wiederum, etwa Lachisch, waren schwer beschädigt. Die Hoffnung war groß, daß sie neu belebt würden, und der Wille stark, das Königreich wieder zu vereinigen. Jeremia vertrat die Meinung der Minderheit, daß die Zeit für eine Revolte noch nicht günstig sei. Babylonien war noch zu mächtig und die judäische Gesellschaft noch weit davon entfernt, fehlerfrei zu sein. Ein zorniges Drängen war in seinen Zurückweisungen der überzuversichtlichen Militanten, deren voreilige Rebellion nur den Untergang bringen konnte.

Er wurde noch heftiger niedergeschrien, als Nachrichten über eine Rebellion in Babylonien selbst eintrafen. Die Revolte wurde schnell gemeistert, aber sie hatte andere Vasallen angeregt, ebenfalls an Anti-Babel-Aktionen zu denken. Edom, Moab, Ammon, Tyrus und Sidon sandten Botschafter nach Jerusalem, um Maßnahmen für einen gemeinsamen Aufstand zu konzertieren. Mit «Stricken und Jochhölzern» (Jer 27, 2) auf dem Nacken ging Jeremia umher, um seine empfohlene Taktik zu symbolisieren, sich bis auf weiteres zu unterwerfen. Er sprach auch sein Volk und die Abgesandten der Vasallen an und drängte sie: «Ihr aber, hört doch nicht auf eure Propheten, eure Wahrsager, eure Träumer, auf eure Zeichendeuter und Zauberer, die zu euch sprechen: ‹Ihr braucht dem König von Babel nicht zu dienen?› Denn Lügen verkünden sie euch» (Jer 27, 9–10). Verfrühtes Losschlagen würde dazu führen, daß alle überwältigt und ihre

Völker vertrieben würden. Wenn sie aber stillhielten, könnten sie auf ihrer «heimatlichen Scholle wohnen» (Jer 27, 11) bleiben.

Man weiß nicht, ob er wirklich angehört wurde, aber es gab keine gemeinsame Revolte. Nichtsdestoweniger nahm Hananja – ein prominentes Mitglied des religiösen Establishments und ein heftiger Gegner der politischen Ansichten von Jeremia – ein Blatt aus dem Notizbuch des Propheten und nahm bei einer Zusammenkunft im Tempelhof «das Jochholz vom Nacken des Propheten Jeremia und brach es entzwei… und sagte: ‹So spricht der *Herr:* Ebenso zerbreche ich das Joch des Königs Nebukadnezar von Babel!›» (Jer 28, 10–11). Jeremia sagte: «Gewiß, so handele der *Herr.* Der *Herr* möge deine Worte, die du verkündet hast, in Erfüllung gehen lassen» (Jer 28, 6). Aber er dachte, daß dies eine falsche Prophezeiung war, tröstlich zwar, aber illusorisch. «Da ging der Prophet Jeremia seines Weges», sagt die Bibel einfach; man kann sich vorstellen, wie diese hagere Gestalt die Versammlung verließ, nachdem Hananja geantwortet hatte, gebeugt und traurig, während sein Herz aus Liebe zu seinem Volke überquoll und vom Wunsche beseelt, es zu beruhigen. Aus den Tiefen seiner Ehrlichkeit heraus konnte er aber das letztere nicht tun. Hananja vermochte das Volk mit hoffnungsvollen Worten zu beruhigen. Aber sie waren gefährlich, denn sie pflanzten in die Bevölkerung ein falsches optimistisches Gefühl, während Jeremias Deutung aufzeigte, daß kein Grund zu Optimismus vorhanden war. Seine Integrität verbot ihm, sich zungenfertig anzupassen; sein Pflichtbewußtsein hinderte ihn jedoch, schweigend zu verbleiben. Es war Jeremias peinvolle Aufgabe, der Öffentlichkeit die grimmige Wahrheit zu verkünden: Sie waren noch nicht fertig, und sie müßten zunächst noch das Joch der Unterwerfung tragen. Das war schon immer das Kennzeichen eines großen Führers gewesen, der weise und verantwortungsbewußte Mann, der nicht um Popularität buhlt, sondern seinen Kurs in Übereinstimmung mit den Realitäten festlegt und ihm folgt, ohne Rücksicht darauf, wie unangenehm und unpopulär es auch sein möge.

Jeremia brach beinahe zusammen unter der Last. Er konnte die Folgen seiner Worte sehen. Ein paar Leute waren beeindruckt. Der König schwankte. Die meisten seiner Beamten waren entsetzt. Die Tempelpriester waren schockiert. Die sich verzweifelt nach Freiheit sehnende Öffentlichkeit verspottete ihn offen. Der Prophet war auch nur ein Mensch, und all das hatte seine Wirkung. Er litt unter depressiven Anfällen und rief zum *Herrn*, die Worte «wurden mir zum Schimpf und Spott... Zum Gelächter bin ich den gan-

zen Tag, jedermann höhnt über mich» (Jer 20, 7–8). Manchmal wurde es ihm zuviel, und er verfluchte «den Tag, an dem ich geboren... warum kam ich aus dem Mutterleib hervor, um Mühsal nur und Kummer zu erleben, da meine Tage mir in Schmach zerrinnen?» (Jer 20, 14.18). Aber er konnte seinen Gedanken nicht Einhalt gebieten noch seine Lippen zum Schweigen bringen. Er mußte seine Ansicht frei heraussagen.

589 war ein Jahr, in dem er sich am heftigsten äußerte. Es war das Jahr, in dem Zidkia Juda in offene Rebellion gegen das mächtige Babylonien schleuderte, der Schritt, den Jeremia gefürchtet und sosehr davor gewarnt hatte. Nebukadnezar reagierte prompt und schickte seine Streitkräfte zu einer Strafexpedition nach Süden. Als die Nachricht ihres Marsches Jerusalem erreichte, kamen Zidkia anscheinend Bedenken, denn er bat beim Propheten um den Rat, den er zuvor ignoriert hatte. Jeremia ließ dem König mitteilen, daß ein Aufstand noch verfrüht sei. Der Kampf würde hoffnungslos sein und in Verwüstung enden, wenn er darauf bestände. Die populäre und offizielle Stimmung war entschieden für Widerstand, der König mußte darauf Rücksicht nehmen. Die Babylonier erreichten Jerusalem Anfang 588 und belagerten die Stadt. Das Leben in der Hauptstadt war grimmig. Je-

… stritt die Heeresmacht des Königs von Babel wider Jerusalem und alle übriggebliebenen Städte Judas, nämlich gegen Lachisch und Aseka

(Jeremia 34, 7)

Der archäologische Hügel vom alten Lachisch (unten), eine der Städte von Juda, die durch den babylonischen König Nebukadnezar zerstört wurden. Mehr als hundert Jahre zuvor war die Stadt von den Juden wiederaufgebaut und neugeordnet worden, nachdem sie die Belagerung und Eroberung durch den assyrischen Herrscher Sanherib durchgestanden hatten. Sanherib verewigte seinen Sieg auf einem Relief in seinem Palast in Ninive (rechts).

Einer der «Lachisch-Briefe», der unter den achtzehn beschrifteten Scherben bei archäologischen Ausgrabungen der Stadt in den dreißiger Jahren gefunden wurde. Ein Unteroffizier des jüdischen Kommandanten von Lachisch verfaßte ihn kurz vor dem letzten Angriff und der Zerstörung der Stadt durch Nebukadnezar 587 v. Chr.

remia geriet sogar in noch größeren Verruf und in ernste Gefahren, weil er fortfuhr, seine bekannten Ansichten zu äußern. Er war ein demoralisierendes Element, und Maßnahmen wurden ergriffen, um ihn zu unterdrücken.

Die Lachisch-Briefe

Während die babylonische Armee den Belagerungsring um Jerusalem schlang, fegten weitere Streitkräfte in einem erbarmungslosen Feldzug durch Juda und zerstörten alle bedeutenden Städte. Lachisch war wiederum eine davon. Zeugnisse dieser Zerstörung und ein Echo auf Jeremias pessimistische Worte der davorliegenden Monate fanden sich in einigen aufsehenerregenden archäologischen Entdeckungen. Ausgrabungen in den Jahren 1932–1938 in dem Gebiet dieser alten judäischen Stadt brachten die berühmten «Lachisch-Briefe» an den Tag, achtzehn Ostraka (beschriftete Topfscherben), die in der Schicht des 6. Jahrhunderts vor Christus unter den verbrannten Trümmern einer Wachstube der Bastion in der äußeren Stadtmauer gefunden wurden. Etwas mehr als hundert Jahre, nachdem der assyrische Kaiser Sanherib (701) die Stadt angegriffen und die Schlachtszenen

in den bekannten Reliefs auf den Wänden seines Palastes in Ninive hatte aufzeichnen lassen, wurde das wiederbesiedelte Lachisch von Nebukadnezar teilweise (598–597) und nunmehr in seiner zweiten Invasion völlig zerstört. Die Briefe wurden in der Zwischenschicht dieser beiden Ereignisse gefunden. Sie waren mit schwarzer Tinte auf zerbrochenes Geschirr in klassischem Hebräisch geschrieben. Zumeist Berichte, die in den Jahren 588–587 an Jaosch, den militärischen Kommandanten der Festungsstadt, von seinem ihm unterstellten Offizier Josaja geschrieben wurden, dem ein Außenposten im Norden von Lachisch unterstand. All diese Aufzeichnungen spiegeln den Pessimismus des Königs in Jerusalem zu jener Zeit wider, das Echo auf Jeremia. Insbesondere einer bezieht sich auf «den Brief des Königs und die Briefe der Prinzen», die der Kommandeur aus Jerusalem mit der Anmerkung: «Bitte, lies sie», erhalten hatte. Josaja tut es und sendet diesen bitteren Kommentar zurück: «Und siehe, die Worte der Prinzen sind nicht gut, es sei denn, um unsere Hände zu schwächen und die Hände der Männer, die davon gehört haben, erschlaffen zu lassen ... wahrlich, seit Dein Diener diese Briefe las, gab es keinen (inneren) Frieden für Deinen Diener ...»

Plötzlich sprang die Hoffnung in Jerusalem hoch empor. Die Babylonier hatten ein Gerücht vernommen, daß eine ägyptische Streitmacht unterwegs sei. Sie zogen ab, um dieser zu begegnen. Unerwartet wurde die Belagerung aufgehoben. Alle waren überglücklich, daß ihre Widerstandstaktik so glorreich gerechtfertigt war. Klar stand ihre Stadt unter göttlichem Schutz. Allein Jeremia blieb ungerührt. «Täuscht euch nicht», sagte er ihnen (Jer 37, 9). Wie zuvor Jesaja traute er den Ägyptern nicht. Sie würden sich hinter ihre eigene Grenze zurückziehen, und dann kehrten die Babylonier zurück. Die logischen Hintergründe seines Argumentes wurden nicht beachtet, aber seiner pazifistischen Schlußfolgerung wegen wurde er verunglimpft. Als er versuchte, die Stadt zu verlassen, um eine Liegenschaft seiner Familie zu betreuen, wurde er unter der Begründung verhaftet, daß er zum Feinde überlaufen wolle. Trotz seines heftigen Verneinens «schlugen sie ihn und warfen ihn in den Kerker» (Jer 37, 15). Nachdem er dort «viele Tage» verbracht hatte, ließ ihn König Zidkia insgeheim vom Gefängnis zum Palast bringen und fragte bange: «Ist ein Wort vom *Herrn* da?» Jeremia bejahte und erzählte ihm furchtlos, obwohl dies als Hochverrat ausgelegt werden konnte: «In die Gewalt des Königs von Babel wirst du überliefert» (Jer 37, 17). Es ist durchaus wahrscheinlich, daß auch der König zur Schlußfolgerung kam,

der plötzliche Abzug der Babylonier sei nur zeitweilig. Er hatte sicher darüber nachgedacht, daß Jeremia schließlich doch recht haben könnte. Deswegen hatte er nun nach ihm geschickt und deswegen hörte er des Propheten Worte nicht mit Zorn, sondern mit ernster Bangigkeit an. Er wünschte bestimmt, sich zu ergeben, fürchtete aber Schwierigkeiten mit den Militanten seiner Umgebung. Auf alle Fälle reagierte er gütig, als Jeremia nach seiner Antwort auf des Königs unmittelbare Frage gegen seine Gefangenhaltung protestierte und dann flehentlich bat, wenigstens nicht in den Kerker zurückgebracht zu werden. Der König stimmte zu und «ließ den Jeremia im Wachthof in Gewahrsam bringen. Er versorgte ihn auch täglich mit einem Laibe Brot...» (Jer 37, 21).
Offensichtlich fuhr der Prophet fort, den Wächtern zu predigen. Die Würdenträger und offiziellen Priester setzten den König unter Druck, er möge ihnen freie Hand mit diesem Manne lassen, der die Moral der Truppen untergrub. Zidkia stimmte widerstrebend zu, und sie warfen den Propheten in eine tiefe, schlammige Zisterne und ließen ihn dort, damit er stürbe. Aber ein mitfühlender Hofbeamter berichtete dem König, was sie getan hatten. Der König befahl ihm, drei Diener zu nehmen. «Ziehe», so sagte er, «den Propheten Jeremia aus der Zisterne heraus, ehe

er tot ist!» (Jer 38, 10). Dies taten sie und brachten ihn zum Wachthof zurück.

Zidkia hatte ein weiteres Zusammentreffen mit dem Propheten in die Wege geleitet und fragte ihn erneut über seine Lagebeurteilung und um seinen Rat. Jeremia konnte nur seine früheren Worte wiederholen: Unterwerfung würde bedeuten, daß er und seine Stadt verschont blieben, weiterer Widerstand aber müßte zur totalen Zerstörung führen. Obwohl auch Zidkia davon überzeugt war, konnte er dem Rat des Propheten nicht folgen. Er war zu schwach gegenüber einer Bevölkerung, die im Geiste des Widerstandes überschäumte und keine defaitistischen Reden hören wollte. Jeremia wurde zu seinen Wächtern zurückgebracht, und dort verblieb er.

Nebukadnezars Streitkräfte kehrten bald zurück. Entweder war der ägyptische Feldzug nur ein Gerücht, oder die Ägypter waren rasch geschlagen worden. Die Babylonier belagerten Jerusalem erneut. Angriffe, um die Mauern zu brechen, wurden heldenhaft abgewiesen. Die bedrängten Jerusalemer kämpften verbissen Monat für Monat. Ihre Lebensmittelrationen verringerten sich stetig, aber von Übergabe wurde nicht gesprochen. Sie wollten bis zum letzten kämpfen und widerstanden bis in den Sommer 587. Dann errangen die Babylonier einen Durchbruch, gerade als die Lebensmittel zu Ende gingen. Die Stadt fiel. Zidkia entkam, wurde aber in der Jericho-Ebene gefangengenommen. Zu Nebukadnezars Hauptquartier im Norden gebracht, mußte er die Hinrichtung seiner Söhne mitansehen, dann wurden ihm die Augen ausgestochen. Schließlich wurde er in ein babylonisches Gefängnis geschleppt, wo er starb. In Jerusalem wurden die führenden Würdenträger, Armeekommandeure, Zivilbeamte, Tempelpriester und die prominenten Bürger getötet und die Tempelschätze nach Babylon gebracht. Dann wurde die Stadt systematisch zerstört: Der Tempelpalast, alle großen Gebäude und Jerusalems Mauern wurden niedergemacht. Die Mehrzahl der Überlebenden wurde ebenfalls nach Babylon verschleppt. «Aber von den geringen Leuten im Lande ließ der Oberste der Leibwache eine Anzahl als Weinbauern und Landwirte zurück» (2 Kön 25, 12).

Auch Jeremia wurde zurückgelassen. Nebukadnezar hatte Befehl erlassen, ihn zu schonen – unter dem falschen Eindruck, der Prophet sei Babylon-freundlich, weil er sich der Widerstandsparole entgegengestellt hatte. Sein Freund Gedalja wurde zum Gouverneur des verwüsteten Juda ernannt, das nun dem babylonischen Reiche einverleibt war. Er richtete sein Amt in Mizpa ein, wenige Kilometer nördlich der verwüste-

Im Innern dieser Höhle, so nimmt man an, hat sich
König Zidkia während seiner Flucht aus Israel versteckt,
als sein Land in die Hände der Babylonier fiel.

ten Hauptstadt. Mit gebrochenem Herzen schloß sich Jeremia ihm dort an. Ein paar Monate später wurde Gedalja ermordet. Seine loyalen Freunde konnten die Mörder nicht fangen und fürchteten, daß Babylon ihnen die Schuld anlasten würde. Sie entschlossen sich, in Ägypten Zuflucht zu suchen. Jeremia flehte sie an, es nicht zu tun, doch sie bestanden darauf. Sie waren aber um sein Schicksal besorgt und nahmen ihn mit. Dort starb er.

Stimmen der Hoffnung

Dies war der dramatische politische und militärische Hintergrund, gegen den die visionären Worte des Jeremia und der anderen Propheten seiner Periode – Zefanja, Habakuk und, als größter seiner Zeitgenossen, Ezechiel – gesetzt waren. Keiner war eine politische Gestalt in dem Sinne, daß sie sich ausschließlich damit befaßten, die Regierungspolitik zu ändern. Natürlich versuchte es Jeremia, wie wir gesehen haben. Wenn dies aber seine ganze Leistung gewesen wäre, würde er heute nichts mehr als ein Name auf einer Liste farbiger Figuren mit einem Auftritt auf einer weit entfernten historischen Bühne sein. Für ihn und seine prophetischen Kollegen war politische Tätigkeit je-

doch nur die Facette eines größeren Anliegens, nämlich die Gesinnung ihres Volkes so zu formen, daß es den gestellten Anforderungen stets gewachsen wäre. Damit hatten sie Erfolg.

Diese inspirierten Männer beobachteten die Entwicklung ihrer Region mit größerer Klarheit und Voraussicht als die Berufspolitiker. Sie sahen, daß der kleine jüdische Staat zwischen den Kräften der beiden rivalisierenden Reiche zermalmt würde. Vielleicht könnte die Gefahr durch eine gewandte und scharfsinnige Außenpolitik in Verbindung mit einer entschlossenen Innenpolitik vermieden werden. Voraussetzung wäre aber, daß Korruption, Gleichgültigkeit und Verlangen nach heidnischen Versuchungen ausgerottet, daß die religiösen Ideale von Gerechtigkeit und Frömmigkeit beachtet werden und daß das Volk sich um seine moralischen Verpflichtungen mühte. Aber es schien, daß weder der König noch die offizielle Priesterschaft fähig oder willens waren, diese unpopuläre Politik durchzusetzen. Wie es die Propheten sahen, konnte das Ergebnis nur der Verlust des Staatswesens, Tod und Verschleppung sein. Für die betroffene Generation bedeutete das natürlich Verderben. Bedeutete es aber den Untergang der Nation? Die Antwort der Propheten war ein leidenschaftliches Nein! Sie versuchten in all ihren Äußerungen, das Volk nicht

... die Streitkräfte der Kaldäer nahmen ihre Verfolgung auf und holten den Zidkia in den Steppen Jerichos ein *(Jeremia 39, 5)*

Die Judäische Wüste zwischen Jerusalem und Jericho. Hier wurde Zidkia von den Feinden in seinem Versteck aufgefunden.

nur für sein gegenwärtiges Verhalten anzuleiten, sondern auch jenen, die die bevorstehende Katastrophe vielleicht überleben würden, aufzuzeigen, wie sie mit den furchtbaren Folgen fertigwerden könnten. Weil sie dieses taten, wiesen sie den Weg zur Erhaltung des jüdischen Glaubens und der jüdischen Identität unter allen Lebensbedingungen, selbst im Exil, sowie zur letztlichen Wiederherstellung der jüdischen Unabhängigkeit in ihrem eigenen Lande.

Die grundsätzliche Folgerung aus den tragischen Ereignissen für die Überlebenden im babylonischen Exil war, daß sie von Gott fallengelassen wurden. Solcher Art waren ihre zermürbenden Gedankengänge, als sie sich unter Bewachung während ihres langen und heißen Gefangenentrecks auf ihren neuen, ungewohnten nördlichen Bestimmungsort zuschleppten. Körperliche Strapazen konnten sie ertragen und über sich ergehen lassen. Ihre Gesellschaftsordnung hatte in der religiösen und moralischen Verpflichtung versagt. Strafe war in Ordnung. Aber Vernichtung? Sie hatten sich nicht schlechter benommen als viele der vorhergegangenen Generationen seit der israelitischen Ansiedlung vor mehr als sechshundert Jahren. Niemals aber waren sie aus ihrem Lande gefegt worden. Im kritischen Augenblick hatte sich der *Herr* immer seines Versprechens erinnert. Gewiß wurde das

Königreich Israel 140 Jahre zuvor ausgelöscht, aber sie konnten so argumentieren, daß sie ihr von David gegründetes Land niemals hatten verlassen müssen. Daher war das eigentliche Juda nicht gefallen. Jerusalem war unverletzlich unter dem Schutz des *Herrn*. Die Zuversicht, daß es so bleiben würde, war fest wie ein Fels. Nun lag Jerusalem trotzdem in Trümmern, und sie befanden sich im Exil. Sollte das etwa bedeuten, daß Gott sich vom jüdischen Volke abgewendet hatte? Daß ihre Verbindung beendet war?

Von solchen Zweifeln zerrissen, hätte die Nation untergehen können. Des Glaubens an den *Herrn* beraubt, der sie nicht mehr anhörte, hätten sich die Verschleppten wohl der hier üblichen Religion zuwenden und sich den Sitten, Praktiken und Gedankenschemata Babyloniens anpassen können. Innerhalb zweier oder dreier Generationen wären sie vielleicht in die vorherrschende Gesellschaft assimiliert gewesen, wie all die andern eroberten und verschleppten Völker, die heutzutage nur mehr Namen in Geschichtsbüchern darstellen. Man hätte sie in der menschlichen Landschaft nicht mehr unterscheiden können. Sie wären keine Juden mehr gewesen. Was sie von all dem bewahrte, waren die Worte der Propheten.

Schließlich waren die Verschleppten eine gebildete Gruppe. Sie bestand aus Priestern, Technikern, Ge-

Wir betrachten es als ein Gebot, jährlich den dritten Teil eines Sekels für den Dienst im Hause unseres Gottes zu spenden (Nehemia 10, 33)

Der Henkel eines Kruges mit den eingeprägten Buchstaben «Yrsim» (links). Es ist das hebräische Wort für Jerusalem. Solche Krüge, beschriftet mit dem Namen der heiligen Stadt, wurden wahrscheinlich für die Abgaben an den Tempel verwendet. Eine alte, in Israel gefundene Münze trägt den Namen «Yahud» in einer frühen hebräischen Schrift (unten rechts). Yahud war der offizielle Name der Provinz Juda während der Perserzeit.

werbetreibenden und Intellektuellen, alles denkende Menschen. Sie bemühten sich, über dieses dunkle Schicksalsproblem nachzudenken. Endlich sahen sie ein Licht aufschimmern, denn die Propheten hatten sich mit genau diesem Problem befaßt – besonders augenfällig Jeremia, Ezechiel und Habakuk. Diese hatten den Schluß gezogen, daß eine kommende Katastrophe nicht ein Produkt göttlicher Gleichgültigkeit, sondern göttlicher Gerechtigkeit wäre. Ein Wechsel im Benehmen der hebräischen Gesellschaft würde die Schicksalswende bringen. Sie hatten verzweifelt versucht, populäre Illusionen und falsche Hoffnungen auszurotten, weil sie wirkliche Hoffnungen säen wollten. Mit den Aufforderungen an das Volk, seine Lasterhaftigkeit zu bereuen, hatten sie die Warnung betont, daß bei Nichtbefolgung die Strafe sich sogar bis zum Verlust Jerusalems und ihres Landes erstrecken könnte. *Das hieße aber nicht, daß sie von Gott verlassen wären.* Wenn sie sich bestrebten, ihren Glauben zu bewahren und ein gerechtes und ethisches Leben zu führen, würde die Nation gerettet werden und in ihr Land zurückkehren.

Auf diese Weise brechen die Worte aus Jeremias tragischem Herzen hervor und machten einen tiefen Eindruck auf die Verschleppten, besonders weil sie von einem Manne geäußert werden, der sich keiner fal-

Der Israel zerstreute, sammelt es wieder und hütet es wie ein Hirt seine Herde *(Jeremia 31, 10)*

Jeremia versuchte sein Volk während der babylonischen Gefangenschaft zu trösten, indem er sagte, Gott werde seine verstreute Herde zusammenführen und sie in ihr Heimatland zurückbringen.

schen Ermutigung hingab, sondern realistisch die Zerstörung prophezeite: «Du aber, fürchte dich nicht, Jakob, mein Knecht, spricht der *Herr.* Denn sieh, aus der Ferne errette ich dich, deine Nachkommen aus dem Lande der Verbannung!... Dann mache ich ein Ende mit allen Völkern, unter die ich dich zerstreute; nur dich vertilge ich nicht... Fürwahr, ich wende das Geschick der Zelte Jakobs, und seiner Wohnstätten erbarme ich mich. Die Stadt wird auf ihrem Hügel gebaut, und die Burg steht wieder an ihrer gewohnten Stelle» (Jer 30, 10–11.18). Die Nation war schwer gestraft worden, aber Jeremia sagte: «Aus der Ferne erschien ihm der *Herr:* Mit ewiger Liebe habe ich dich geliebt, und darum habe ich dir so lange die Huld bewahrt. Wieder baue ich dich auf, daß du neugebaut dastehst, Jungfrau Israel!... Der Israel zerstreute, sammelt es wieder und hütet es wie ein Hirt seine Herde. Denn der *Herr* macht Jakob frei und erlöst ihn aus der Faust dessen, der stärker als er. Sie kommen und jubeln auf Zions Höhe, sie strahlen vor Freude über den Segen des *Herrn,* über das Korn, den Wein und das Öl. Da werden sie wie ein reich bewässerter Garten und müssen nicht mehr verschmachten. Dann freut sich die Jungfrau am Reigentanz, Jüngling und Greis sind voll Frohsinn. Ich wandle ihre Trauer in Wonne, spende ihnen Trost und Freude nach ihrem

Schreibe die Offenbarung nieder und grabe sie auf Tafeln ein *(Habakuk 2, 2)*

Blätter aus dem Kommentar zum Buche Habakuk:
der Prophet gibt den Vertriebenen Hoffnung. Sie
sind Teile einer vollständigen Schriftrolle, die in den
Höhlen von Qumran am Toten Meer gefunden
wurden und nun in Jerusalem ausgestellt sind.

Leid... sie kehren aus Feindesland heim» (Jer 31, 3–4.10–16).

Habakuk bot eine ähnliche Hoffnungsbotschaft an. Die Verschleppten in Babylonien konnten sich mit ihm identifizieren, weil er ebenso bestürzt war wie sie. Er sah sich überall vom Bösen umgeben, «Verheerung und Gewalttat... Streit und Zwietracht... darum erschlafft das Gesetz» (Hab 1, 3–4). In einem seherischen Zwiegespräch mit Gott wunderte er sich über die scheinbare Gleichgültigkeit des *Herrn*. Gerade nachdem die Babylonier um 605 den Ägyptern bei Karkemisch eine entscheidende Niederlage bereitet hatten und Nebukadnezar daraus als der neue Herrscher des Mittleren Ostens hervorging, sah er die bevorstehende Invasion in Juda voraus. Er wußte, daß die Babylonier als ein Instrument der «Züchtigung» benutzt würden, aber er war immer noch beunruhigt, daß Gott schwieg «wenn der Frevler den Gerechten verschlingt» (Hab 1, 12–13). Gott sagte dem Propheten: «Schreibe die Offenbarung nieder und grabe sie auf Tafeln ein, damit man sie geläufig lesen kann!» Die Antwort würde kommen, wenn auch noch nicht jetzt: «Denn die Offenbarung setzt noch eine Frist voraus... Wenn sie sich verzögert, so harrt auf sie.» Aber «sie bleibt nicht aus». Dann aber: «Siehe, das Leben des Frevlers verläuft nicht ununterbrochen;

der Gerechte aber bleibt durch seine Treue am Leben» (Hab 2, 2–4).

Weil die Verschleppten seine Verwirrung verstehen konnten, vermochten sie auch in ihrer miserablen Lage Kraft zu schöpfen aus Habakuks endgültiger Bekräftigung: «Denn der Feigenbaum trägt keine Frucht, die Weinstöcke bringen keinen Ertrag, die Ernte des Ölbaumes versagt, das Feld liefert nichts an Nahrung. Die Schafe sind verschwunden vom Pferch, und in den Ställen fehlen die Rinder. Ich aber will frohlocken im *Herrn*, will jubeln über den Gott meines Heils! Der *Herr* und Gebieter ist meine Kraft. Er macht meine Füße gleich denen der Hirsche und läßt mich auf Höhen schreiten» (Hab 3, 17–19).

Ezechiels Verheißung

Die verschleppten Opfer imperialistischer Gewalt konnten überall um sich herum die vielfältigen Züge anmaßender Macht sehen. Dies hätte ihnen ein Gefühl der Nichtigkeit geben können. War es überhaupt möglich, eine solche Macht zu stürzen? Die Voraussagen der Propheten vom Fall der Reiche vermittelte ihnen jedoch Trost und echte Hoffnung. Schließlich waren es dieselben Propheten, die Judas Sturz vorher-

Babel wird zum Trümmerfeld, zur Wohnung für Schakale, zum Ort des Entsetzens und des Grauens, ohne Bewohner! *(Jeremia 51, 37)*

Die Ruinen von Babylon. 48 Jahre nachdem die Babylonier Jerusalem geplündert und die Überlebenden in die Gefangenschaft geführt hatten, wurden sie selber von den Persern besiegt, und die Juden konnten in ihre Heimat zurückkehren.

gesehen hatten und die den Mut aufbrachten, dies auch auszusprechen; sie waren nicht geneigt, trügerische Verheißungen zu machen. Deswegen faßte ihr im Exil lebendes Volk aus den zuversichtlicheren Äußerungen Mut. Sie erinnerten sich jetzt, daß Zefanja gesagt hatte, die Feindesländer würden zum «Unkrautplatz, eine Salzgrube und Wüste für immer» (Zef 2, 9). Der düstere Jeremia hatte eine direkte Vorhersage des Falles von Babylonien gemacht: «Ich zahle Babel und allen Bewohnern Chaldäas vor euern Augen all ihre Bosheit heim, die sie an Zion verübten – Spruch des *Herrn*... Babel wird zum Trümmerfeld, zur Wohnung für Schakale, zum Ort des Entsetzens und Grauens, ohne Bewohner» (Jer 51, 24.37). Auch Ezechiel hatte die Zerstörung aller, die jemals Israel Schaden zugefügt hatten, verheißen. Er hatte seine Metaphern den charakteristischen Zügen eines jeden Feindes angepaßt: Ägypten, «der große Drache» des Nils, der *Herr* wird «Haken in deine Kinnbacken legen» (Ez 29, 3–4). Vom handeltreibenden Tyrus mit seinen riesigen Flotten: «Dein reicher Besitz, dein Umsatz, deine Tauschwaren, deine Seeleute, deine Matrosen, deine Schiffszimmerleute und alle deine Krieger bei dir und die ganze Besatzung in deiner Mitte, sie sinken in die Tiefe des Meeres am Tage, da du fällst» (Ez 27, 27).

Der Prophet Nahum beschränkte sich ausschließlich auf dieses Thema. Er wendete sich dem Schicksal Ninives zu, der Hauptstadt des großen assyrischen Reiches, dieser «Blutstadt. Alles an ihr ist Trug! Mit Beute gefüllt...!» (Nah 3, 1). Er sagte ihren Fall von 612 voraus. Seine mächtige und lebhafte Schilderung hatte eine große Wirkung auf die während späterer Zeit im Exil lebenden Juden. Auch in den folgenden Jahrhunderten strahlten seine Worte noch dieselbe Kraft aus und besagten, was mit den Unterdrückern Israels geschehen könnte und geschehen werde. Ein rächendes Heer fiel in Ninive ein: «Blutrot ist der Schild seiner Helden, seine Krieger sind in Purpur gekleidet. Die Streitwagen gleichen Feuerfackeln am Tag seiner Rüstung, die Rosse schütteln sich aufgeregt. Durch die Gassen rasen die Wagen, stürmen über die Plätze. Wie Fackeln sehen sie aus, jagen dahin wie die Blitze... Horch, Peitschenknall! Horch, Rädergerassel! Jagende Rosse und hüpfende Kriegswagen. Aufspringende Reiter, flammende Schwerter und blitzende Lanzen, eine Menge Erschlagener, eine Masse von Toten!» (Nah 2, 4; 3, 2–3). «Halt, bleibt stehen!», schreit das Volk der Hauptstadt, aber «Ninive gleicht einem Wasserteich, dessen Wasser brausend entfliehen» (Nah 2, 9). Nahums magische Worte machten für die unglücklichen Verschleppten genau die Sze-

Die Feige wie auch andere Früchte des Landes wurden oft in den symbolischen Gleichnissen der Propheten erwähnt. Sie weckten eine Vertrautheit in der Heimat und mehrten das Heimweh in der Fremde.

... Ihr verdorrten Gebeine ... Siehe, ich lasse Geist in euch kommen, und ihr werdet lebendig werden ... Ich bringe euch heim ins Land Israel

(Ezechiel 37, 4–5.12)

Die Vision Ezechiels in der Ebene, «die mit Gebeinen besät war», und seine Offenbarung, die den Juden eine Heimkehr versprach, ist als Bildfolge auf einem Wandgemälde in der Synagoge in Dura-Europos zu sehen.

nen wieder lebendig, deren Zeuge sie gewesen waren, als sie selbst die Opfer wurden. Es war tröstlich, zu fühlen, daß das Schicksal der mächtigen Assyrer gleichermaßen dem babylonischen Reiche widerfahren konnte (was auch nicht viel später eintraf).

[Übrigens: Unter den «Tote-Meer-Rollen», die in den Höhlen von Qumran gefunden wurden, waren Teile zweier Kommentare, einer über das Buch Habakuk, der andere über das Buch Nahum. Beide sind im ersten Jahrhundert vor Christus geschrieben worden. Dem Thema über den «Fall des Reiches» wurde wiederum ein zeitgenössischer Zusammenhang zugeordnet.]

All das flößte den Vertriebenen Mut ein, denn es zeigte die Ermöglichung ihrer Hoffnung auf Freiheit auf. Was deren Verwirklichung anbetrifft, waren die Verheißung in Ezechiels Worten ebenso wie die hoffnungsvollen Worte von Jeremia eine Stütze, denn seine Warnungen vor dem Untergang waren gleichermaßen mitleidlos gewesen. (Ezechiel kann während seiner Jugendzeit in Jerusalem durchaus einige von Jeremias Ansprachen gehört haben.) Da er 597 als Tempelpriester mit König Jojakim deportiert worden war, bekam er außerdem als einer der ersten die Galle des Exils zu kosten. Deshalb stand er den später Verschleppten in Fleisch und Geist nahe. Er war eine selt-

same Figur, mystisch und ekstatisch; er bevorzugte bizarre Symbolik und seltsame Symbolspiele. Die Vertriebenen konnten sich eines Anlasses vor Jerusalems Fall erinnern, als er die Belagerung der Stadt «durchgespielt» hatte, um seiner Warnung dramatischen Eindruck zu verleihen. Er markierte eine Grafik von Jerusalem auf einer Lehmtafel mit der Darstellung der Belagerungswerke um die Stadt herum und legte sich neben sie nieder. Jeden Tag nahm er nur eine winzige Ration Nahrung zu sich und trank sehr wenig Wasser, um anzudeuten, wie die Bedingungen sein würden. Schließlich schnitt er sich Haare und Bart ab, schleuderte ein Drittel der Haare in die Mitte der Grafik und verbrannte sie, um jene zu kennzeichnen, die in der Stadt erschlagen würden. Ein weiteres Drittel verteilte er mit dem Schwert außerhalb der Stadt für diejenigen, die jenseits der Mauern getötet würden. Das letzte Drittel verstreute er, um die Deportationen zu verdeutlichen (Ez 4, 5). Bei einer andern Gelegenheit stellte er den Akt der Vertreibung dar: Er machte ein Loch in der Wand seines Hauses. Als er daraus hervorkroch, trug er «Flüchtlingsgepäck» (Ez 12, 3).

So seltsam dieses Handeln auch anmutete, war es doch in ihrer Aussage richtig und verlieh seinen Worten der Hoffnung eine größere Ausdruckskraft. Man

Antike Leiern auf einem assyrischen Relief (links), das in Babylon entdeckt wurde,
und ein Weidenbaum (rechts) im heutigen Israel. Die Leute in Babylon verlangten
ein Lied von den jüdischen Gefangenen, aber diese legten ihre Leiern zur Seite
und schworen, nicht mehr zu singen, bis sie in ihr Heimatland zurückgekehrt wären.

glaubt, daß dies dann geschehen war, als er schon im Exil lebte und die später Deportierten zu ihm gestoßen waren. Sie wurden durch seine Rede sehr ermutigt: «Deshalb spricht der Gebieter und *Herr*... ihr aber, Berge von Israel, sollt eure Zweige hervorbringen und eure Frucht tragen für mein Volk Israel, denn bald kehren sie heim... und angebaut und besät sollt ihr werden. Ich mehre auf euch die Menschen, das ganze Haus Israel insgesamt; die Städte werden wieder bewohnt und die Trümmerstätten aufgerichtet. Menschen und Vieh werde ich zahlreich machen auf euch; sie sollen sich mehren und fruchtbar sein...» (Ez 36, 7–11). Sie waren zutiefst erschüttert über Ezechiels Offenbarung von der Ebene der Gebeine und der Verheißung zur Rückkehr – genauso wie ihre Nachkommen während der Jahrhunderte im Exil von diesen Worten ebenfalls bewegt waren. Von «der Hand des *Herrn*» in der Mitte der Ebene niedergesetzt und vom «Geist des *Herrn*» bewegt, «über diesen Gebeinen zu weissagen und rede sie an: ... Siehe ich lasse Geist in euch kommen, und ihr werdet lebendig werden.» Ezechiel «weissagte, wie ihm befohlen». Als er es tat, «entstand ein Rascheln... es gab ein Rauschen, die Gebeine rückten aneinander, Knochen zu Knochen. Ich schaute, und siehe, Sehnen bildeten sich an ihnen, Fleisch wuchs empor und Haut spannte sich

oben drüber... da strömte der Geist in sie hinein; sie wurden lebendig und stellten sich aufrecht, eine überaus große Heerschar. Da rief er mir zu: ‹Menschensohn, jene Gebeine bedeuten das ganze Haus Israel. Fürwahr, sie sprechen: Verdorrt sind unsre Gebeine, entschwunden ist unsre Hoffnung, mit uns ist es zu Ende. Darum weissage und rede zu ihnen: So spricht der Gebieter und *Herr*: ... Mein Volk, ich bringe euch heim ins Land Israel... Ich lege meinen Geist in euch, daß ihr lebendig werdet und versetze euch in euer Heimatland...›» (Ez 37, 1–14).

«Wenn ich dich vergesse, Jerusalem»

Mit ihren heiligen Schriften bewaffnet und durch die machtvollen Worte der Propheten aufgerichtet, konnten die Israeliten im babylonischen Exil ihr Schicksal ertragen, indem sie ihrem Glauben treublieben und Hoffnung hegten. Der *Herr* war mit ihnen im Exil. Dementsprechend verschlossen sie sich vor den Lebensgewohnheiten der Menschen ihrer Umgebung und befolgten ihre eigenen einzigartigen Gebräuche. Sie hielten sich an den Sabbat und das Beschneidungsritual und bewahrten sich ihre eigene Gottesverehrung. Da sie keinen Tempel hatten, richteten sie

Gebetshallen (Synagogen) ein und ersetzten die Opfer durch Gebete. Sie vertieften sich in die heiligen Bücher Mose und in die Äußerungen der frühen Propheten, sie nahmen die Wunder und Tragödien ihrer dramatischen Geschichte in sich auf und suchten Ermutigung in jedem Wort. Die lebendige Erinnerung an Jerusalem und Juda trugen sie in ihren Herzen, und sie gelobten, niemals zu vergessen:

«An Babels Strömen saßen wir und weinten
wenn wir Zions gedachten» – und der Aufschrei des Heimwehs hallte durch all die Jahrhunderte jüdischer Geschichte.

«An den Weiden daselbst
hängten wir unsere Zithern auf.
Denn dort verlangten unsre Zwingherren von uns Lieder
unsere Bedrücker Freudengesänge:
‹Singt uns eines der Zionlieder!›
Wie können wir singen die Lieder des *Herrn*
auf fremdem Boden?
Wenn ich dich vergesse, Jerusalem,
soll meine eigene Rechte vergessen werden!
Es klebe mir die Zunge am Gaumen
wenn ich daran nicht denke,
wenn ich nicht Jerusalem zum Gipfel meiner Freude mache!» (Ps 137).

Die Vertriebenen in Babylonien bewahrten ihre nationale und religiöse Identität.

Eine spezielle Art prophetischer Äußerungen diente als Erinnerungsstütze, die beinahe eine greifbare Form ihres Glaubens an das Wiederaufleben von Jerusalem und Juda waren. Es war eine Art Entwurf, in dem der Prophet Ezechiel Vorschläge für den zukünftigen israelitischen Staat niedergelegt hatte (Ez 40–48). Ein Teil seines nationalen und religiösen Systems, wie zum Beispiel die Form der Verwaltung und der Ansiedlungsorte der Stämme, war utopisch und idealisiert. Einleuchtend enthalten in der Offenbarung war die Wiedererrichtung von Jerusalem, als dem Zentrum der Nation, samt einem neu aufgebauten Tempel und genauen Vorschriften für den Gottesdienst. Seine Beschreibung, besonders die des Tempels, war bis in die letzte Einzelheit ausgefeilt, so wie eine Architektenzeichnung vollständig mit allen Maßen jedes Raumes, jeder Tür und jedes Fensters und Tores ausgestattet ist. Wie wir wissen, war Ezechiel in jüngeren Jahren Tempelpriester; er verfügte offenbar über ein fotografisches Gedächtnis. Seine Worte gaben dem Traum der Verschleppten und deren im Exil geborenen Kinder eine genaue Form und verliehen ihrem Willen größere Kraft, ihn zu erfüllen.

[Ezechiels Beschreibung der Tempeltore bestätigten

Da war nun eine Mauer zu sehen, die von außen ringsum den Tempel umgab *(Ezechiel 40, 5)*

Juden aus Israel und jüdische Pilger aus der ganzen Welt drängen sich am neunten Tag des hebräischen Monats Av an die Westmauer (Klagemauer) in Jerusalem. Es ist der Trauertag zum Gedenken an die Zerstörung des Tempels.

archäologische Entdeckungen aus diesem Jahrhundert, insbesondere jene von Yigael Yadin: Die Tore der drei «Streitwagenstädte», die von König Salomo erbaut worden waren, «Hazors, Megiddos und Gesers» (1 Kön 9, 15). Ausgrabungen an allen drei Orten erbrachten identische Stadttore auf der Schicht des 10. Jahrhunderts. Jedes hatte einen Turm an beiden Seiten des Einganges. Die Unterkunft der Wachen bestand aus sechs Räumen, drei zu jeder Seite. Dies paßt genau auf die detaillierte Beschreibung der östlichen Tempelmauer in Ezechiels Offenbarung: «Dann trat er in das Tor, dessen Vorderseite nach Osten schaute, stieg sieben Stufen hinauf und maß die Schwelle des Tores ab: eine Rute in der Breite... Dann maß er die Vorhalle des Tores: acht Ellen und ihre Pfeiler zwei Ellen... Die Nischen des Tores lagen einander gegenüber: drei auf der einen und drei auf der andern Seite; alle drei hatten das gleiche Maß» (Ez 40, 6–10). Weil der Prophet mit dem Tempel vertraut war, ist es klar, daß er in seiner Offenbarung ein Tor beschrieb, das er tatsächlich gesehen hatte und dessen Abmessungen er sich wieder vergegenwärtigen konnte. Mit Sicherheit war dieses östliche Tempeltor von dem gleichen salomonischen Architekten errichtet worden, der für die Errichtung der Tore in Hazor, Megiddo und Geser verantwortlich war.]

Jerusalem zur Zeit des Zweiten Tempels in einer maßstäblich verkleinerten Rekonstruktion von Professor Michael Avi-Yonah. Das Modell befindet sich im Garten des Holyland-Hotels in Jerusalem.

Die Wiederherstellung

Während die Verschleppten in Babylon träumten und schmachteten, verfolgten sie aufmerksam die Ereignisse der Region. Sie hielten stets Ausschau nach Anzeichen einer Änderung in den Geschicken der rivalisierenden Mächte, die ein Signal ihrer Erlösung sein könnten. Der Wandel begann mit dem plötzlichen Aufstieg von Cyrus. Dieser wird die Babylonier besiegen und ein neues persisches Reich gründen. Es sollte früher geschehen, als irgend jemand sich vorstellte – mit Ausnahme der Propheten. Jene Gelehrten, die annehmen, daß die letzten 26 Kapitel des Buches Jesaja vom «Zweiten Jesaja» geschrieben wurden, ordnen seine Amtsführung in Babylon in diesen Zeitabschnitt bevorstehenden Wandels ein. Doch sehen die Traditionalisten, die einen einzigen Jesaja im 8./7. Jahrhundert postulieren und obiges als Zukunftsoffenbarung betrachten, seine Prophezeiung ebenfalls als auf diese babylonischen Zeiten bezogen an. Welcher Jesaja es auch gewesen sein mag, beide Ansichten stimmen darin überein, daß die Worte in den letzten Kapiteln einen gewichtigen Einfluß auf die Verschleppten ausübten; sie stärkten ihre Moral und gaben ihren Hoffnungen Halt. Der Prophet tat sogar noch mehr für die künftigen Generationen der Juden und für die

Zivilisation im allgemeinen: Obwohl seine unmittelbare Aufmerksamkeit dem jüdischen Schicksal galt, hatten seine tiefschürfenden Gedankengänge und seine erhabene Ausdrucksweise eine universelle und zeitlose Bedeutung. Gott war allmächtig, Herr der Schöpfung und aller kommenden Entwicklungen. Sein Ziel war die gerechte Gesellschaft. Um dieses Ideal zu erreichen, gab es eine besondere Rolle für Abrahams Nachkommen. Das Volk Israel sollte sein «ein Licht für die Heiden. Blinde Augen sollst du öffnen, Gefangene aus dem Kerker führen, aus dem Gefängnis die Bewohner der Finsternis» (Jes 42, 6–7). Israel hatte gesündigt und wurde bestraft. Babylonien wurde als die göttliche Züchtigungsrute benutzt. Und jetzt sollte Israel wiedererrichtet werden. Cyrus sollte als göttliches Instrument der Vergeltung gegen Babylonien und als Zeichen des Mitleids für Israel benutzt werden. «Cyrus ... vollbringt alles, was ich will. Von Jerusalem: ‹Es werde gebaut!› und vom Tempel: ‹Werde gegründet!›» (Jes 44, 28).

Jenen, die in diesem Zeitalter der Großreiche dachten, daß die Quelle der Macht aus ihren jeweiligen Gottheiten stamme, legte der Prophet sorgsam die Mosaischen Gesetze aus. Er wies den Gedanken weit von sich, daß sich Ereignisse von Holz- oder Steinblöcken bestimmen ließen, und stellte den Mono-

Salomo baute also Geser wieder auf *(1 Könige 9, 17)*

theismus in seiner klarsten Form dar. «Wer ist's, der die Wasser maß mit seiner hohlen Hand und mit der Spanne den Himmel begrenzte? Wer faßte mit dem Hohlmaß den Erdenstaub, wer wog mit der Waage die Berge ab, wer mit der Waagschale die Hügel? ... Seht, Völker sind wie ein Tropfen im Eimer, wie Stäubchen an der Waagschale sind sie ihm. Fürwahr, Inseln sind ein Gewicht dem Sandkorn gleich ... Mit wem hielt er Ratschlag, daß er ihn beriet und ihn belehrte über den rechten Pfad, auf den Weg der Einsicht ihn hinwies?» (Jes 40, 12–15). Der Prophet sprach in einer heidnischen Welt. Durch Gleichnisse aus der vertrauten Umgebung zeichnete er mit knisternder Ironie ein kühnes Bild, um den Götzendienst zu zerschmettern, welches bis auf den heutigen Tag ein klassisches geblieben ist. «Wem vergleicht ihr nun Gott, was wollt ihr ähnliches neben ihn stellen? ... Der Künstler gießt das Götzenbild ... Die Götzenschnitzer sind alle nichtig, ihre Lieblinge nützen nichts. Wer einen Gott formt und ein Götzenbild gießt, hat keinerlei Nutzen davon ... Der Metallschmied mit dem Werkzeug schafft auf der Kohlenglut; mit Hämmern formt er es und fertigt es an mit einem starken Arm; auch er wird dabei hungrig und kraftlos; trinkt er kein Wasser, so wird er matt. Der Zimmermann ... macht es nach der Gestalt eines Mannes ... er pflanzt eine

Das Tor der Stadt Geser, im 10. Jahrhundert v. Chr. von Salomo erstellt, wurde bei archäologischen Ausgrabungen gefunden. Es ist genau gleich gebaut wie das östliche Tor des Salomo-Tempels, das zu Lebzeiten Ezechiels noch erhalten war und das der Prophet in seiner Offenbarung so sorgfältig beschrieben hat.

*Man fällte Zedern ... Das sollte den Menschen dienen als Brennholz;
man nimmt hiervon und wärmt sich. Auch schürt man damit und backt
Brot ... Aber den Rest macht man zu einem Gott, zu seinem Götzen,
den man verehrt; man wirft sich nieder und betet zu ihm* (Jesaja 44, 14–15.17)

Die Heiden machten sich Götterbilder aus
Holz und Eisen, vor denen sie sich
ehrfurchtsvoll niederwarfen. Der Prophet
Jesaja verurteilte den Götzendienst immer
wieder mit hartem Spott und beißender Ironie.

Zeder, und der Regen nährt sie. Das sollte den Menschen dienen als Brennholz, man nimmt hiervon und wärmt sich. Die Hälfte davon verbrennt man im Feuer, über seinen Kohlen brät man Fleisch und Braten und wird davon satt. Auch wärmt man sich und spricht: ‹Hei, mir wird warm, ich spüre das Feuer!› Aber den Rest macht man zu einem Gott, seinem Götzen, den man verehrt, man wirft sich nieder zu ihm und betet zu ihm und spricht dabei: ‹Rette mich, denn du bist mein Gott!›» (Jes 40, 18–19; 44, 9–17).
Durch die prophetischen Äußerungen ermutigt, verblieben die Juden in Babylonien bei der hebräischen Lebensweise und wiesen die heidnische Art ihres Gastlandes verächtlich zurück. Sie glaubten mehr als je zuvor, daß Exil nur ihr zeitweiliges Schicksal sei und klammerten sich an die Überzeugung, daß sie in ihre Heimat zurückkehren würden.
Die Erfüllung wurde nicht lange verzögert. Weniger als fünfzig Jahre nachdem es Juda überwältigt und die Herrschaft über die ganze Region gewonnen hatte, wurde das riesige babylonische Reich von Cyrus bezwungen und brach zusammen. Um das Jahr 538 waren Babylons Herrschaftsgebiete einschließlich des früheren Königreiches Juda unter persische Kontrolle geraten.
Cyrus war einer der seltenen Herrscher seiner Epo-

che, weise, aufgeklärt und tolerant. Während andere ihre Untertanen brutalisierten und durch Terrormaßnahmen an die Sitten und Gebräuche des herrschenden Regimes anzugleichen versuchten, bot Cyrus seinen sehr verschiedenartigen Untertanen kulturelle und religiöse Autonomie an und betraute oft einen ihrer eigenen Führer mit der Verwaltung. In seinem ersten Regierungsjahr erließ er eine Verordnung, die sich für die jüdische Geschichte in außerordentlicher Weise auswirken sollte: Er erklärte sich zugunsten der Restauration der jüdischen Staatsgesellschaft in ihrem eigenen Lande. Sie durften ihren Tempel in Jerusalem wieder errichten, und Cyrus' königliche Schatulle trug zur Kostendeckung bei. Die von Nebukadnezar entfernten heiligen Gefäße wurden wieder zurückgebracht. Jene Juden, die in Babylonien verblieben, wurden ermutigt, den Rückkehrern zu helfen und finanzielle Unterstützung für den Wiederaufbau ihres zentralen Heiligtums anzubieten. «Scheschbazzar, Prinz von Juda» wurde die Leitung der «Heimnach-Zion»-Bewegung übertragen und wurde zum Gouverneur von Juda ernannt. Scheschbazzar widmete sich sogleich der Aufgabe, den neuen Tempel auf der Stätte des alten zu bauen. Es ist nicht bekannt, was von ihm und was unter seinem Nachfolger getan wurde, denn die Bibel trennt die Geschichte Schesch-

*«So spricht Cyrus, der König von Persien ... Wer unter euch zur
Gesamtheit seines Volkes gehört, mit dem sei sein Gott! Er ziehe hinauf
nach Jerusalem in Juda und baue das Haus des Herrn, des Gottes Israels»*
(Esra 1, 2–3)

Das Grab Cyrus' des Großen (rechts) in der von ihm erbauten Königsstadt Pasargadä. Cyrus war der Begründer des persischen Kaiserreiches. Pasargadä wurde nach einigen Jahren ersetzt durch das dreißig Meilen südwestlich gelegene Persepolis (links), wo sich Darius der Große eine neue kaiserliche Residenz schuf. Cyrus besiegte die Babylonier und erlaubte den Juden, mit seiner Hilfe in ihre Heimat zurückzukehren.

bazzars und die seines Neffen Serubbabel nicht. Allerdings mißt sie Serubbabel, der Scheschbazzar als Gouverneur folgte, mehr Gewicht bei.

Ganz eindeutig ist, daß es in der verwüsteten Stadt nur sehr langsam voranging. Die Aufgabe des Wiederaufbaues war gigantisch. Die spärliche Bevölkerung der Rückkehrer war von Armut (in den ersten Jahren bildeten Mißernten die Regel), von Überfällen benachbarter Feinde und von politischer Behinderung durch persische Beamte aus dem benachbarten Samaria heimgesucht. Zur Zeit als Cyrus starb – er fiel im Jahre 530 während einer seiner Feldzüge –, war kaum mehr als das Fundament des Zweiten Tempels gelegt. Auch bis zum Jahre 522 war nur wenig mehr erreicht worden, als sein Sohn und Nachfolger, Kambyses, sich das Leben nahm. Erst als der dritte persische Monarch, der furchtbare Darius I., den Thron bestieg, wurde die Arbeit ernsthaft in die Hand genommen. Sieben Jahre später, 515, war der Tempel vollendet. «Dann feierten die Söhne Israels, Priester, Leviten und die übrigen aus der Verbannung Zurückgekehrten die Weihe dieses Gotteshauses voll Freude» (Esr 6, 16).

Darius hatte größere Stabilität und Ordnung in die Region gebracht, hatte Cyrus' Versprechen an Juda erneuert und das Projekt des Wiederaufbaues von Jerusalem gefördert. Die Zurückgekehrten wurden von den führenden geistigen Kräften aufgerufen, sich mit aller Kraft dafür zu verwenden, ein gerechtes Leben zu führen und ihrem zentralen Heiligtum neues Leben zu geben. Unter ihnen waren Haggai und Sacharja (zusammen mit Maleachi, welcher der nächsten Generation angehörte, werden diese traditionsgemäß als «die letzten der Propheten» angesehen). Sie teilten die Mühsal mit den andern Pionieren, die früher von Babylon nach Juda heimgekehrt waren. Aber sie ließen sich weder von den Rückschlägen der ersten Jahre noch von der großen Arbeit, die ein Wiederaufbau mit sich brachte, einschüchtern. Ihre aufmunternden Worte bestanden aus Tadel, Ermahnungen zur Rechtschaffenheit und Hoffnung. Haggai war entsetzt über die Lethargie, die anscheinend über sein Volk gekommen war. Die von Babylon mit so hohen Idealen Zurückgekehrten schienen sich nun auf das Bauen ihrer eigenen Privatwohnungen anstelle des Hauses des *Herrn* zu konzentrieren und förderten damit ihr eigenes materielles Geschick anstelle des Wohlergehens der Nation. Kein Wunder, daß ihnen Verfolgung und Verderben beschieden waren. Jetzt war es so: «Wegen meines Hauses, das in Trümmern liegt, während jeder von euch für sein eigenes Haus läuft und rennt.» Er aber rief ihnen zu: «Steigt hinauf ins Gebirge, holt Holz und baut den Tempel» (Hag 1, 8–9). Und das taten sie.

Sacharjas Offenbarungen waren mystischer und symbolischer, aber auch er – wie Haggai – sah den wiedererrichteten Tempel als den Brennpunkt des Volksglaubens und als vitalen Kern der wiederbelebten Staatsgesellschaft an. Er war an sozialer Gerechtigkeit wie an Fairneß in den menschlichen Beziehungen interessiert: «Haltet wahrheitsgetreues Gericht und übt gegenseitig Güte und Erbarmen! Witwen und Waisen, Fremdlinge und Arme bedrückt nicht! Plant nicht Böses wider einander in euren Herzen! (Sach 7, 9–10). Inmitten des politischen Aufruhrs im persischen Reich zwischen dem Tod des Cyrus und der Thronbesteigung des Darius waren die beiden Propheten von der Aussicht auf ein völlig freies Juda ergriffen und äußerten die messianische Hoffnung auf ein restauriertes und gereinigtes jüdisches Königreich. Haggai prophezeite: «Himmel und Erde werde ich erschüttern. Ich vernichte Königsthrone...» (Hag 2, 21–22). Wenn die Großreiche zerstört sind und Juda nicht mehr untertan ist, wird der *Herr* «nach Zion zurückkehren und inmitten Jerusalems wohnen. Jerusalem soll heißen ‹Stadt der Treue› und der Berg des Herrn der Heerscharen ‹Heiliger Berg!›» (Sach 8, 3). Sacharja beschreibt dann die Farbe und die Gesin-

Jerusalem und ein Teil von Juda auf einem Mosaik
aus dem 6. Jahrhundert, das in Madeba/Jordanien
nordöstlich des Toten Meeres gefunden wurde.

Der rosenrote Felsen von Petra im Lande der Edomiten.
Obadja klagte diese heftig an, weil sie den Feinden
Israels geholfen hatten, sich über die Erniedrigung
Israels freuten und Vorteile daraus zogen.

nung der wiedererrichteten und ungestörten Stadt, die nicht mehr von Kriegen und Austreibungen heimgesucht war, in der die Menschen in Ruhe zu einem reifen Alter lebten und ihre aus dem Exil heimkehrenden Brüder willkommen hießen: «Wieder sitzen Greise und Greisinnen auf den Plätzen Jerusalems, alle mit dem Stab in der Hand wegen des hohen Alters. Die Plätze der Stadt sind wieder voll von Knaben und Mädchen... Es wird für den überlebenden Rest dieses Volkes in diesen Tagen herrlich sein: ... Siehe ich rette mein Volk aus dem Lande des Sonnenaufganges und aus dem Lande des Sonnenunterganges! Ich bringe sie heim, daß sie wieder in Jerusalem wohnen. Sie sollen mein Volk sein und ich will ihr Gott sein in Treue und Gerechtigkeit» (Sach 8, 4–8).

Maleachi prophezeite ganz am Ende des 6. Jahrhunderts vor Christus, obwohl ihn einige Gelehrte ein halbes Jahrhundert später einordnen. Er fand, daß religiöse Gleichgültigkeit und ein Absinken des moralischen Standards eingerissen waren, obwohl der Tempel wiedergebaut war. Er klagte die Priesterschaft und die Öffentlichkeit an. (Insbesondere werden seine Worte Nehemia und Esra beeinflussen, um ihre religiösen Reformen einzuführen.) Ihr schlechtes Verhalten war ein «Greuel», eine Entweihung des «Heiligtums des *Herrn*» und «des Bundes unsrer Väter»

(Mal 2, 11). Es gibt ein ernstes Echo auf Sacharjas Appell für gerechtes Benehmen: «Ich trete als dringender Zeuge auf gegen Zauberer und Ehebrecher, gegen Meineidige und gegen alle, die den Lohnarbeiter, die Witwe und die Waise bedrücken... spricht der Herr der Heerscharen» (Mal 3, 5). Auch er fährt auf dem mächtigen Faden der Bundestradition fort und schließt seine Äußerung mit dieser Ermahnung des *Herrn*: «Gedenke des Gesetzes meines Dieners Moses, die Gebote und Vorschriften, die ich ihm bei Horeb [Sinai] für ganz Israel gab» (Mal 4, 4).

Es dauerte lange, bis die völlige Unabhängigkeit eintraf, die von den jüdischen Rückkehrern aus dem Exil nach Juda gegen Ende des 6. Jahrhunderts vor Christus gesucht wurde. Was sie aber durch die inspirierten Worte der Propheten erreichten, war eine ausreichend feste Grundlage, auf der ihre Nachfolger im 5. Jahrhundert eine Staatsgemeinschaft im eigenen Land aufbauen konnten. In einem Land, das nun eine spezifische und dauerhafte nationale und religiöse Identität besaß. Es waren die Rückwanderer, die von Nehemia und Esra angeführt wurden.

Die Daten der verbleibenden drei «kleineren» Propheten Jona, Joel und Obadja liegen im dunkeln. In ihren Büchern findet sich kein Hinweis wie in den Werken der andern Propheten, der sie mit der Herr-

Nun bestellte der Herr eine Rizinusstaude. Sie wuchs über Jona empor, um seinem Haupt Schatten zu spenden *(Jona 4, 6)*

Die Rizinusstaude, die im Gleichnis von Jona vorkommt. Sie war über Nacht gewachsen, um dem Propheten Schatten zu spenden, verwelkte aber bald und gab ihn schutzlos der prallen Sonne preis.

schaft eines bestimmten Königs oder mit einem anderswo in der Bibel erwähnten Ereignis in Verbindung brächte, dessen Zeitabschnitt bekannt ist. Einige Kommentatoren halten es mit der traditionellen Ansicht, daß sie bereits im 8. Jahrhundert vor Christus prophezeiten, andere wiederum vermuten, daß Joel und Obadja dem 5. Jahrhundert angehörten, Jona aber erst im 3. Jahrhundert vor Christus auftrat.

Das Buch Jona ist bekannt wegen seiner Geschichte vom «Wal» und wegen der Tatsache, daß es nur eine einzige prophetische Zeile enthält: «Noch vierzig Tage, und Ninive wird untergehen!» (Jon 3, 4) – und nicht einmal diese erfüllte sich. Was immer das Datum und der historische Zusammenhang des Buches Jona sein mag, seine grundsätzlichen, lehrreichen und in faszinierender Erzählung dargebotenen Themen machen es klar, warum es in die kanonische Sammlung der zwölf kurzen prophetischen Bücher eingeschlossen wurde. Es ist im Grunde eine dramatische Botschaft göttlichen Erbarmens.

Der zögernde Jona flüchtet in die entgegengesetzte Richtung, statt wie von Gott befohlen nach Ninive zu eilen und seine Bewohner ihrer Schlechtigkeit wegen zu tadeln. Aber ein Prophet kann seinem göttlichen Auftrag nicht ausweichen, und der *Herr* zwingt die Elemente, ihn zurückzubringen – im Bauche eines

«großen Fisches». Er reist nach Ninive weiter und bringt seine Warnung vor der kurz bevorstehenden Zerstörung unter die Leute, worauf Volk und König alsbald Buße tun. Sie fasten, tragen Gewänder aus grobem Stoff und sitzen in Asche. Der *Herr* widerruft die Bestrafung und verschont sie.

Jona ist wütend und besteht darauf, daß sie für ihre Sünden bezahlen müssen. Dann offenbart er, daß er absichtlich vor seiner Sendung geflohen sei, weil er vermutet habe, was eintreffen könnte, denn: «Ich wußte ja, daß du ein gnädiger und barmherziger Gott bist, langmütig und reich an Huld, der sich des Unheils gereuen läßt» (Jon 4, 2). Doch er kann immer noch nicht daran glauben, daß Ninive der Vergeltung entgehen wird; er verläßt die Stadt, um die Ereignisse draußen zu erwarten. Gott veranlaßt eine Rizinusstaude, über Nacht aufzuwachsen, um ihm Schatten zu spenden, schickt aber am nächsten Morgen einen Wurm, der die Staude angreift. Die Pflanze verwelkt. Jona erleidet ohne Unterschlupf alles Ungemach von einer dörrenden Sonne und einem glühenden Ostwind. Dann fragt ihn Gott, ob er «wegen der Rizinusstaude so erzürnt sei». «Ja mit Recht bin ich zu Tode so erzürnt!...» «Dir ist es leid um den Rizinus», sagt Gott, «um den du dich nicht bemüht und den du nicht großgezogen hast. Über Nacht ist er entstanden, und über Nacht ist er vergangen. Und mir soll es nicht leid sein um Ninive...?» (Jon 4, 9–11).

Das Buch Obadja, das kürzeste in der Bibel (es besteht aus nur einem Kapitel), ist eine heftige Anklage gegen Edom, weil es Israels Feinden geholfen hatte, weil es über Israels Erniedrigung frohlockte und aus dessen Rückschlägen Vorteil zog. Edom hatte Teile von Juda besetzt: «Weide nicht auch du dich an seinem Unglück... und vergreife dich nicht an seinem Besitz am Tag seines Verderbens... seine Flüchtlinge niederzumachen, und liefere seine Entronnenen nicht aus am Tage der Bedrängnis!» (Obd 1, 13–14).

Obadja sagte voraus, daß Edom und all die Nationen erniedrigt würden, die Israel Schaden zugefügt hatten: «Denn du wohnst ja in felsigen Klüften... und denkst bei dir: ‹Wer kann mich zur Erde herunterholen?› Und baust du auch hoch wie ein Adler, ja, legst du dein Nest zwischen Sternen an, ich hole dich herunter von dort» – Spruch des *Herrn* (Obd 1, 3–4). Israels Unabhängigkeit und seine Gebiete werden wiederhergestellt werden, «Gerettete werden hinaufziehen zum Zionsberg... Und dem *Herrn* gehört das Königtum» (Obd 1, 21).

Joel war ein apokalyptischer Prophet, der eine Sprache von großer Kraft und Schönheit benutzte, um seine Vision vom nahe bevorstehenden Gottesgericht zu übermitteln. Es wird durch Verwüstung angekündigt – die von ihm benutzte Metapher war die von einem Heuschreckenschwarm angerichtete Verheerung. Vielleicht ist sie die lebendigste, genaueste und poetischste Beschreibung dieses Phänomens, die je verfaßt wurde. Auf das Urteil und die Bestrafung aller, die Israel unterdrückt hatten, sollte eine Welt der Reinheit auferstehen, mit Jerusalem als ihr Edelstein. Juda sollte das Land der Fruchtbarkeit werden, dessen «Berge von Most triefen, fließen von Milch und alle Bachtäler Judas strömen von Wasser. Eine Quelle entspringt im Hause des *Herrn* ... Juda bleibt für immer bewahrt und Jerusalem von Geschlecht zu Geschlecht ... Und der *Herr* wohnt in Zion» (Joel 4, 18–21). Er rief sein Volk auf, sich auf diesen Tag des *Herrn* «im Tal der Entscheidung» durch wahrhaftige Buße und Rückkehr auf die gerechten Wege von Gewissen und Verhalten vorzubereiten. «Zerreißt dabei euer Herz und nicht eure Kleider», rief er ihnen zu (Joel 2, 13).

Dies also waren die Männer, welche die jüdische Nation und ihre Religion gründeten und entwickelten. Sie formten eine erhabene ethische Grundlage, die beinahe das halbe Menschengeschlecht beeinflußte, und errichteten Ideale, die nach wie vor die Sehnsucht der zivilisierten Gesellschaft sind. Vorerst durch die öde Wüste Sinai und später inmitten der rauhen Landschaft von Israel, in Krieg und Frieden, in Zeiten der Anarchie und in Zeiten der Ordnung, von Turbulenz und Ruhe, von Glanz und Elend, schritten diese geistigen Riesen der alten Zeit überzeugt und mit furchtlosen Herzen. Sie äußerten Worte von unvergänglicher Weisheit, die durch alle Zeiten Gültigkeit hatten und das Leben und Verhalten der Menschen veränderten.

Ihre in erhabener Sprache verfaßten seherischen Verkündungen waren für die Juden ihrer eigenen Generation bestimmt, und doch wurden sie zur «transportablen Heimat» des jüdischen Volkes während der Jahrhunderte im Exil und führten zur Wiedergeburt des Staates Israel in unserer Zeit. Sie waren an ihre eigene Nation gerichtet, und doch wurden sie universell und ewig und sind heute die Erbschaft aller westlichen Nationen. Die Propheten versuchten, zeitgenössische Ereignisse zu beeinflussen. Es gelang ihnen nicht immer. Statt dessen änderten sie den Lauf der Geschichte.

Jerusalem, gebaut als Stadt, die lückenlos in sich geschlossen! …Wünschet Jerusalem Heil! … Heil wohne in deiner Festung, Sicherheit in deinen Palästen! (Psalm 122, 3.6–7)

223

Index

228

ADAM

Land Tafel, darinnen die Gegendt des Paradyß, vas
Länder nach anweisung H. Schrifft zu derselben mehrern verst

AMASIA
Capadocia

NATOLIA

Cori · Spitan
Analiba · Dagusa
Iassus · Anzeta DC
Nisa · ARMENIA
Semisus
Camana · Sisoatra · Iuliopolis · AR
MINOR · Samosata
Leandis · Entelia · Taurus Geburg · Taur
Sum
Badinium · Vrna · Porsica
PISIDIA · LICONIA · Edessa
AMPHILIA · Olbasa · Flaviopolis · Cesaria · Antiochia · Singa · Ombrea
Ninica · Nicopolis · Calamana · Regia · Zeugma · Bal
Attalia · ASIA · Diocesaria · Irinopolis · Deba · Caonia · Mergob · PADDAN
Antiochia · CILICIA · Celeucia · Latmos · Soli · MINOR · Sibros · Beroen · Acraba
Anemurium · Myle · Tarsus · COMAGENA · Zura
Celenaris · Curico · Adena · Amanus Mons · Alalis
DAS PAMPHILISCHE · MEER · Baca · Iisus · Alexandria · M. Pieria · Bene · Alamatha
Das Isische Meer · Antiochia · Chalcis · SYRIA
Olimphus P. · Chdes · Laodicea · Asachi · Calibon
CIPRUS · Dinare · tum · Das Seleuch · Seleucus · Apamia · Orisa
Golgi · Afradisium · Salamis · Syrische · Orthofia · nun Aleg · Putea
Ceroma · Meer · Prexoni · Epiphania · ARAM · Pal
Arsiene · Laraca · Emesa · M Hermon · Palmira mi
Paphus · Amathus · Phoeni · M. Liuan · Danabarena
Hierocepia I. · Marium · Curias Pr. · Grega · cien · Helt · polis · Das · Iabruda · Averia
Tripolis · Adenus bach · Sanir · Casama
DAS MITELLÄNDISCHE MEER · Gabila · Sidon · Damascus · Land Huss
oder ein theil des Großen Meers · Tirus · Kenesiten · Pharpar · Gera
Ptolomais · Canani · ten · Der weg so Iacob · Choce
Ionas flihet vor dem · Cesaria · Gesarna · gesiten · TRACO · Adra · Eleme · Saccea
Herren Ion. I. v. 3. · Capernaum · Lidda · NITEN · Rabba
Heviten · Sichem · Land
DAS EGYPTISCHE MEER · Iaphe oder Ieppe · Pheresiten · Bosra
von welchem · Hethiten · Ieru salem · AMO · Der bach Iabock · Surrata · Nabathea
Ionas abgefahren · Ascalon · Iebusiten · NITEN · oder Hebreisch
Das · Pathros · Amoriten · Cademoth · Esbata · Nabaioth
CHAM · Soan · Keniten · Teana · Ziza · Rabbath · ISMAELITEN
Das · Pelusium · Cades · Necla · Ame · MEDIANITEN · Stein · Thau
Farson · GO · Iericho · Das Land · le · icht · Rabbath · Obera · Agubeni · Ar
EGIPTE · SEN · Rameses · Seir · Ame · Adroni · Arabien · Ism
MITS · Memphis · Cairus · Phazan · EDOM · Moca · Anita
RAIM · LANDT · Die · TEN · chiten · Das L
Migdel · Wustezin · MADI · Ostama
Angira · oder Cades · Aramana · Das Reich
Ptolomais · Sinai · AN · ARABIEN
Baalzepho · Dane · Horeb · Zur · Ancale · Das ist das Reich
Elongeber · Elath · SABA
Das · Daraus die K